悪いエネルギーは1ミリも入れない

井上裕之
Inoue Hiroyuki

すばる舎

はじめに

職場の上司や同僚、友人との人間関係がうまくいかない。パートナーに恵まれない。家庭がうまくいかない。仕事で結果が出せない。いつもお金がない……。

きっと、この本を手に取ってくださっているのは、「なんだか人生がうまくいかない」あるいは「人生をより良く生きる方法が知りたい」と思っている方だと思います。

もし、身の回りで悪いことばかりが起きているのだとしたら、それは「エネルギー」が影響しているかもしれません。

私たちは、周りの人や職場、行く場所、住む環境、お金の使い方など、ありとあらゆるものの持つ「エネルギー」から、影響を受けています。

周りから「悪いエネルギー」を受けてしまうと、あなた自身のエネルギーも低くなってしまう。すると、悪い人・モノ・コトばかりを引き寄せるようになり、悪い出来事ばかりが起こってしまうのです。

では、どうすれば負のループを抜け出して、幸せな人生を送れるようになるのでしょうか？

答えは簡単。「悪いエネルギー」をシャットアウトしてしまえばいいのです。「悪いエネルギー」が入らなくなれば、逆に「良いエネルギー」を取り込むことができるようになります。

そして、あなたが「良いエネルギー」をまとっていれば、今度は良い人・モノ・コトだけを引き寄せることができるようになるのです。

そう、不幸は去り、幸せが向こうから寄ってきてくれるようになる、ということ。

仕事で活躍し、お金がたくさん入る。好きな服やアクセサリーに身を包んで、素敵なレストランで好きな人と一緒においしいものを食べられる。

そんな自分になることも夢ではありません。

でも、目に見えないエネルギーをコントロールするなんて、難しそう。なんだか怪しい。

そう思いましたか？

いいえ、何も難しいことはありません。

やることはただ一つ。ほんの少し、意識と行動を変えるだけです。

これにはお金もかかりませんし、何かを念じたり唱えたりする必要もありません。

物事のとらえ方を少し変えてみるだけで、人生は劇的に好転するのです。

潜在意識は「知識の貯蔵庫」

ここで少し、私の専門分野である「潜在意識《せんざいいしき》」についてご説明しておきましょう。

「潜在意識」とは、わかりやすい言葉で言うと「無意識」。一方、意識できているもののことは「顕在意識《けんざいいしき》」と言います。

これらはよく「海に浮かぶ氷山」にたとえられますが、水面から外に出て見える部分が「顕在意識」、水面下に隠れている部分が「潜在意識」と考えてください。

「氷山の一角」という言葉もある通り、人間の脳に占める割合は「潜在意識」のほうが圧倒的に多い。実は、私たちの行動の96％は「無意識」に支配されているのです。

たとえば、呼吸や歩行をするときに「吸って、吐いて」や「右足、左足」と意識している人はいないでしょう。意識しなくても、自然とそういう行動を取っていますよね。

つまり、「潜在意識」は自分自身でもはっきりと自覚できないもの、コントロールできないものなのです。

そして、私は「潜在意識」とは「知識の貯蔵庫」であると考えています。

過去の記憶や、これまでにあなたが見聞きしてきたものすべては、あなたの「潜在意識」の中に蓄積されています。

うまくいっている人はエネルギーをコントロールしている

幸せに生きていくためには、この潜在意識をすべてプラスに変え、悪いエネルギーを排除し、良いエネルギーだけで満たすことが重要です。

「あなたにとって良いもの」を取り入れていくことで、それが無意識に活用されて良い行動や結果に結びつく、ということです。

本書では、潜在意識の専門家として、これまで6万人の「心」と向き合ってきた私自身の経験から、「幸せな人生」を送るための49のレッスンをお伝えしていきます。

人生は決められた運命の通りに進んでいるのではなく、自分でつくっていくことができるもの。あなた自身の「解釈」が、あなたの現実をつくっていくのです。

私自身、この考え方の法則を知ってからは、人生が思い通りにしかいっていません。

この法則を知って、幸せな人生を送れるようになった人も、たくさん見てきました。

きっとあなたも、読み終えた頃には不安が消え去り、明日が来ることを楽しみに思えるようになるはず。

本書をきっかけに、あなたが「なりたい自分」になれることを願って。

この本に込めたエネルギーとともに、楽しんでいただければ幸いです。

井上裕之

CHAPTER 1 悪いエネルギーは1ミリも入れない！

～あらゆるしがらみから私を解き放つ12の方法

CHAPTER 2

愛とお金のエネルギーをみるみる高める！

〜「愛される私！」と決めるだけで人生が変わる8つのルール

CHAPTER 3

エネルギーが下がる環境から卒業する！

〜潜在意識からマイナス・エネルギーを取り除く13のコツ

CHAPTER 4

得たい未来を手に入れる！・エネルギーアップの秘密

～「幸せしか引き寄せない」自分をつくる16の習慣

編集協力／渡邉理香　渡辺絵里奈
ブックデザイン／原田恵都子（Harada + Harada）
カバー写真／©Frank and Helena/Image Source RF/amanaimages

CHAPTER 1

悪いエネルギーは1ミリも入れない！

～あらゆるしがらみから私を解き放つ12の方法

LESSON 1

「私の感覚」に素直に向き合う

悪いエネルギーを1ミリも入れないために大切なのは、「自分の感覚を大事にする」ことです。

みなさんは何かに迷ったとき、本を読んだり、セミナーに足を運んだり、誰かに意見を求めたりすると思います。

そこでは「こうすれば幸せになれるよ」と、その人が自身の経験から得てきたその人なりの「幸せの法則」が展開されています。占い師や友達に相談して、もらえる意見やアドバイスなども同じですね。

しかし、ここで考えてほしいのは、その方法が本当に「あなたにとってベストかどうか？」ということです。

「私の感覚」こそが、良いエネルギーを発生させる

「幸せ」と一言で言っても、「何を幸せと感じるか」は人それぞれ。

バリバリ働いてたくさん稼いで、高価なものを買ったり、長い休みのたびにハワイの別荘に行くのが「幸せ」と感じる人もいれば、収入はそこそこでいいから残業はあまりせず、趣味に費やす時間がある生活が「幸せ」だと感じる人もいます。

「自分の感覚」

これを大事にしてほしいのです。

誰かが決めた「幸せの定義」を無理に自分に当てはめなくてもいい。

「この人はこう言っているけど、こっちのほうが私は幸せな感じがする」と「思った」なら、その感覚を信じてみましょう。

「感覚値」というのは、自分の「潜在意識」に蓄積されたエネルギーによる判断です。

今までしてきたすべての経験から、何が自分に合うのかを無意識に選んでいるものです。

だから、「感覚」はすごく大事。

目に見えないものだけれど、「私の感覚」に従って選んだものには実は間違いがないのです。


POINT!


私がどう感じるか。

私はどう思うか。

ここを大事にしてみよう!

LESSON 2

自分にとって「快」か「不快」かを考える

たとえば毎日「満員電車」に乗って通勤していると、それが当たり前になります。他人と密着したり、咳をしている人の横に座ったりするのは、本来であれば避けたいことではないでしょうか。ですが、日々そうした状況にいることを余儀なくされていると、「不快」だと感じることも「忘れて」しまいます。

すると「どうすれば快適に通勤できるかな？」と考えることさえなくなる。「快」か「不快」かを考える前に「いまのままを受け入れてしまう」のです。

いまの人々は特に、自分の「快」「不快」に向き合えていない人が多いと感じます。

忙しい毎日の中であまりにもストレスにさらされすぎて、「感覚」が麻痺してしまっているのでしょう。

自分で自分に確認することで「ありたい姿」を見つけられる

では、どうすれば「自分の感覚」に向き合えるようになるのか？

まずは、今いる環境、付き合っている人たちに対して、自分はどう感じているのかを確認してみましょう。


「この仕事、残業が多いけど、つらくない？」

「この会社では結果を求められることが多いけど、私の性格に合ってる？」

「同僚がよく人の悪口を言っているけど、聞いてて嫌な思いをしてない？」

と、自分自身に優しく聞いてみてください。

すると、

「私、本当はこういう人と付き合いたくないと思ってたんだ」

「この会社にいたくないと思ってたんだ」

など、「不快」だと感じていたことが明確になると思います。

それから、

「本当は好きな人とだけ付き合いたい」

「もっと楽しく稼げる仕事がしたい」

など、自分が「快」と感じるものについて、より真剣に考えることができるようになります。

そうやって「自分の感覚」を大事にしていく過程で、「この方法なら私にも合いそう」と思うものを選べるようになるのです。


POINT!

「心地よさ」や「不快」という素の感情にフタをせず、思いのまま感じてみよう。

LESSON 3

「自分に合う方法」こそエネルギーの質が上がる

また、誰かにとっては「うまくいく方法」が、あなたにとっても必ずしも「うまくいく方法」とは限らない、ということも覚えておくとよいでしょう。

たとえば、「パワースポット」と呼ばれている場所は世界中にありますが、それが自分にとって必ずしも「心地いい場所」だとは限りません。

「幸せ」を呼ぶパワースポットとして有名なアメリカ・アリゾナ州の「セドナ」も、「エネルギーが高すぎて、なんとなく自分には合わないんだよね」と言う人もいます。

自然のパワーが感じられる場所に行くと元気になれる人もいれば、逆に都会のギラギラしたネオン輝く街で飲んでいるほうが元気になれる人もいるのです。

そう、たとえ世間全体が「良い」と言っているものだとしても、あなたにとっても

「良い」ものだとは限らない、ということ。

だから、周りの常識に合わせて、すべてを受け入れなくていいのです。

自分に合わなければ、サラッと行動を変えてみる

「この人はこうしろと言っているけど、それで本当に幸せになれるのかなぁ？」

そう思いながら行動していては、むしろその「不安」が「悪い結果」を引き寄せてしまいます。

それよりも、自分にとって「居心地が良いかどうか」のほうがずっと大事。

「幸せになれる方法」として紹介されているものを試してみて、自分には合わないと思ったら、「また別の方法を試してみよう」くらいに考えるのです。

ただ、「変えよう」と思わなければ現実は何も変わりません。

「幸せになりたい」と思って行動し、さまざまな実験を繰り返している人のほうが「幸せ」に近づけることは間違いありません。

そして、うまくいっている人が多い方法論ほど、うまくいく確率が高い、ということも言えます。

本書ではそうした方法をたくさんご紹介していきますが、読むときにはぜひ「この方法なら幸せになれそう」「これは間違いない」と自分が納得できるもの、自信を持って選べるもの、そうした「自分の感覚」を大事にしてください。

「見えない根拠」が持てるものがきっと、あなたにとっての正解です。

POINT!

私の感覚を「信じる」ことで「良いエネルギー」を増やせる!

LESSON 4

エネルギーが下がる人と無理に会わない

どんな人でも、生きていくうえで「誰かと関わること」は避けられません。

会社、家族、友人関係、近所付き合い。人にはさまざまな「人間関係」が影響しています。

どんな人と付き合うかで、人生は決まると言っても過言ではないほど。

「悪いエネルギー」を入れないためには「自分にとってエネルギーが下がるような人とはお付き合いしない」ことが大事になってきます。


では、「エネルギーが下がる人」とは、どんな人でしょうか？

それは、一緒にいるだけで、自分まで暗い気持ちになってしまうような人。「負のオーラをまとっている人」と言い換えてもいいかもしれません。

「お化け屋敷」や「心霊スポット」に行くと、怖くてワクワクする一方で、疲労感がどっと襲ってきませんか？

暗くて、その場にいるだけで呪われてしまいそうな場所に、ずっとずっと留まっていたいと思う人もいないでしょう。

「負のオーラ」を発している人というのは、こうした「心霊スポット」のようなもの。一緒にいるとその人のオーラが転写して、こっちまで疲れてしまいます。

そういう人とは行動を共にせず、なるべく距離を取ったほうがいいでしょう。

「エネルギーが下がる人」の代表＝「ネガティブワード」を発する人

「負のオーラ」をまとっている人にもいろんなタイプがいますが、共通点としてわかりやすいのは「ネガティブワード」を発すること。

「私なんかダメ」「私には、いいところがない」と言ってみたり、「私なんて地味だし普通」「私には才能がない」「何も能力がない」「役立たずだ」などと言ってみたり。

実際にはすごく魅力があるのに、いつも暗い顔をして、「自分をおとしめる」「行動を止めてしまう」ような言葉をよく使います。

そういう人に出会ったら要注意。オーラに光がない人と一緒にいると、あなたのオーラまで翳《かげ》ってしまいます。

それから、愚痴や悪口が多い人や「でも、だって、どうせ」が口癖の人。言葉づかいそのものが悪い人や、クレーマー。こういった人たちも「ネガティブワード」をよく口にする人です。

こうした人たちと日々接していては、やはり「悪いエネルギー」の影響は避けられません。

「受ける」のではなく「受けて放つ」

しかし、社会生活を送っている以上、こうした人たちと一切会わない、関わらない、というのも難しいでしょう。会いたくなくても、会ってしまう場面もあるわけです。

そこで覚えておいてほしいことがあります。

「ネガティブワード」を耳にしたら、「受けて、放つ」。

これを実践してみましょう。

たとえば、あなたがキャッチボールをしているとします。

相手は肩が強いのか、プロ野球選手並みの剛速球を投げてきます。

その球を正面から受け止めるのは、毎回とても痛い。時には手が腫《は》れてしまい、治るまでにかなり時間がかかることもあるかもしれません。

でも、「受けたら痛みがある」ということがわかっていれば、無理にキャッチする必要はない。「受けずに見送る」ということをやってみればいいのです。

すると相手もそのうち疲れてきます。どんな人でも、長時間休みなく、剛速球を投げ続けることはできません。だから、相手が疲れるまで待っていればいいのです。


「ネガティブワード」は、「まともに受けない」ことが大事。

相手の正面に立って受け止めるのではなく、体を斜に構えて「悪いエネルギーを受け流して」みましょう。


「私なんか生きていても仕方がない」

「アイツ、マジでウザイ」

「あの人、また注意されてた。いい気味だよね」

こんな言葉が聞こえてきたら、相談に乗ったり一緒になって盛り上がったりするのではなく、ただ聞いてあげる。

でも「聞くだけで、同調はしない」ようにします。

すると、相手も「この人に言ってもしょうがないな」とあきらめます。

このスタンスを貫いていれば、「ネガティブワード」を発する人はあなたに寄りつかなくなるのです。

POINT!

ネガティブワードには距離を取る。
受け止めても
手放す習慣を。

LESSON 5

我慢をやめて「NO」と伝える

受けて放っていても、毎日あまりにも細かく言われすぎてストレスが溜まるな、と思ったら、時には「逃げる」ことも必要です。

残念ですが、人の粗《あら》を探しては注意したり、わざわざ小言を言う人や、後輩や部下をいじめるのが趣味というような人も中にはいます。

毎日のように自分を否定するような言葉を聞き続けるのは、とてもつらい。いくら聞き流そうとしても、気持ちは暗くなってしまいます。

そういうときは、その場から立ち去ってしまいましょう。

「そろそろ会議が始まるので失礼します」「今日は用事があるので」「ちょっと体調が悪いので」と言えば、相手も引き止めにくい。まさか追いかけてまでは言ってこないでしょう。

相手の指摘が正しいと思ったなら「ありがとうございます」と素直に聞けばいいですが、長時間そういう人に付き合う必要はない。

仕事だからといって、「聞いてあげなきゃいけないんじゃないか」という変な優しさは持たなくていいのです。

意思表示をちゃんとする！ ことが改善への特効薬

それでも状況が改善しないようであれば、はっきり「嫌」と伝えること。

もしかしたら、相手には悪気がないかもしれません。「いつも聞いてくれるから親切のつもりで言っていた」だけかもしれない。


だから、口に出して言うことです。

まずは「私は嫌な思いをしています」という意思表示をする。それでも変わらないようなら、開き直る。

「それは私にはできないですね」と言ったり、時には「今の発言はパワハラですよ〜」など、相手がドキッとするような言葉をあえて使ってみるのもいいでしょう。

何にせよ、すべて受け身に徹して、我慢を続けるのはよくありません。「我慢」から生まれるエネルギーに良いものは一つもないし、精神的ストレスにもつながります。その結果、病気にもなりやすくなってしまうのです。

そうなる前に、「NO」とはっきり言えるあなたになりましょう。

POINT!

「NO」と言うだけで、
良いエネルギーが
満ちていく。

LESSON 6

クレームをつけてくる人への対処法

ちなみに、LESSON5の方法は、「クレームをつけてくる人への対処法」としても有効です。

怒りの矛先をずらしてみる

仕事をしていると、時にはお客様からクレームをいただくこともあるでしょう。中には他のお客様が大勢いらっしゃるオフィスや店内で、大声で怒鳴るような方もいるかもしれません。

そんなときはお客様のお話を聞いて、真摯に謝罪するのは当然ですが、ここでも意識してほしいのは、まともに受け止めるのではなく「少しずらす」ということ。

「何かありましたか？　大きな声が聞こえていたので、何か失礼なことがあったのでは思い、謝罪に参りました」

このように、まずは「大きな声を出している」ということを相手に気づかせてあげるようにします。

他のお客様にもご迷惑がかかるし、恥ずかしいことをしている、と。

すると、相手も冷静になります。そこで相手の目線に立った会話をすると、たいていの場合は解決に向かいます。

「私が○○様の立場でも同じことをしたと思います。この対応はひどすぎますよね」

「いやいや、そこまではいいんですけど」というように。


一度相手の怒りの矛先をずらしてから、具体的な話を聞いていく。

つまり、いま目の前に起こったことを冷静に伝えることで「怒りのエネルギー」をいったん切り、別のエネルギーに変えるのです。

流れを切ることが相手への親切にもなる

相手の怒りを収めたいときや、その場を終わらせたいときには、一度「遮断」して流れを変えてみましょう。

ある会社では、社長のアポイント終了時間になったら、「次のお客様がお待ちです」と話題を遮るようにスタッフがノックして部屋に入るそうです。

すると、話を長引かせようとしていた人も「ご迷惑をおかけしちゃいけない」と思い、スムーズにお帰りになられます。

もし、次のお客様が待っているのに長々と話しこむような人がいたら、時と場合によっては、「ちょっとまた様子を観てください」「次回、またお話ししましょう」と言って流れを切ってもよいでしょう。

悪いエネルギーは受け止めない

クレームに対しても、時には「NO」と言うのが大事。

もちろん、仕事ですから、基本的にはお客様のご要望の解決に向けて真摯に対応する必要がありますが、あまりに理不尽なことを言われた場合は別です。

飲食店で意図的に異物を混入させて「土下座しろ」と要求してきたり、電話の対応が気に入らないからと人格否定をしてきたり、度を超えたクレームに対しては我慢する必要はないと思います。

そういうときには、「他のお客様のご迷惑になりますので」「お電話を待っている次のお客様がいますので」と遮断し、これ以上の対応はしないことをお伝えしてもいいでしょう。

お客様や取引先から、長々とクレームやお叱りを受けるときにも、「悪いエネルギー」を受けすぎないことを意識してみましょう。

POINT!

ネガティブなエネルギーも
対応しだいでは、
プラスに変わる！

LESSON 7

存在を低く見られたら…「これでは終わらない」のパワーに変える

「エネルギーが下がる人」の例としてもう一つ挙げておきたいのが、「相手を見下す人」です。

マイナスのエネルギーを放出するといずれ自分に返ってくる

同じ立場のはずなのに「この人は私を下に見ている気がする」と感じることがあると思います。

やけに威圧的な態度を取ってきたり、精神的に追い詰めるような言動をしてきたり、自分の立場を守るために相手を陥れたり。

「マウンティング」という言葉もありますが、特に会社組織やコミュニティにはこういう人がいるものです。

自分を守りたいがために、相手の人格や人間性を否定するような人を見ると、かわいそうだなあと思ってしまいます。そうまでしないと自分の立場を確立できないというのは、つらいですよね。

自分の都合だけを考えて生きていると、マイナスのエネルギーとなって自分に返ってきます。相手を苦しめて不快な気持ちにさせていると、自分にも苦しい現実がやってくるのです。

怒りをプラスエネルギーに「変換する」ことが大事

でも、「自分を見下してくる人」に出会ったら「ありがたい」とも思います。なぜなら、「見返したい」という気持ちにさせてくれるから。

見下されると「怒り」が湧いてきますよね。そして、見下されたままなのは悔しいから、相手が認めざるを得ないような自分になろうと頑張る。見下した相手を「見返してやろう」と思うわけです。

怒りのパワーは強力。これを原動力に変えたとき、人は思ってもみないような力を発揮することができるのです。

だから、実は見下されたときこそチャンス！

落ち込むのではなく、パワーに変える。ここは思い切って「今に見てろ～！」くらいの気持ちを持って進むことを意識しましょう。

「今に見てろ」は、とっても強くて、パワフルな言葉ですが、あなたにとてつもない力を与えてくれる言葉ではないかな……と思います。

たとえば腹筋をしているとき、つらくなってからはもう一歩頑張るのがなかなか難しいものです。そんなときに「今に見てろ」という言葉を思い出しながら続けると、不思議と頑張れちゃうのです。

30回しようとしていたところを、32回できてしまったりする。この2回分の「痛み」が、意外なほど自分を成長させてくれるのです。

反面教師の存在になっている

それに「見下されている」という状況は、相手が何かしら自分の「改善点」を教えてくれている、ということでもあります。

逆に「あなたは何も直す必要はありません。完璧です」なんて言われてしまうと、怖くなります。「褒め殺し」という言葉もある通り、周りに自分を褒めてくれる人しかいなくなってしまうと、悪い部分があっても気づけないし、それ以上成長することもできないからです。

「頑張るための痛みや苦しみ」は、褒められるよりも価値がある。だから、「見下してくれてありがとう」くらいにとらえて、エネルギーに変えてしまいましょう。

POINT!

悔しい状況は「反面教師」のサイン。
「今に見てろ」で
良いエネルギーをチャージしよう！

LESSON 8

グループで群れるのをやめる

「悪いエネルギー」を人から受けないためには、「群れない」というのも大事なポイントです。

なぜ「群れる」かというと、不安だからです。自分に自信が持てなかったり、孤独を感じる。それが悪いことであると思うから、グループやコミュニティに属したくなるのです。

悪口、噂話…ネガティブな情報があるコミュニティには入らない

「不安」を共通項に寄り添った人たちは、お互いが持つマイナスのエネルギーを高め合ってしまいます。

共通の敵をつくってみんなで悪口を言い合ったり、誰かの悪い噂や愚痴ばかり話していたり、自信がないポイントを共有して慰め合ったり……。

そうしたネガティブな情報やエネルギーが溢れている場所には、行かないほうが賢明です。そのマイナスのマグマで、あなたが持つ輝かしいエネルギーが侵食されては元も子もありません。

また、グループやコミュニティに入っていると、トップにいいように利用されてしまうこともあります。

「マウンティング」などの上下関係が生まれてしまうのも、グループで群れているからです。

それから、外から見たときに「あなたもあの仲間」だというレッテルを貼られることにもなります。そのレッテルによって行動が規制され、やりたいことがやりにくくなる、というデメリットもある。

「つかず離れず」でエネルギーの消耗を防ぐ

一流の人というのは「ほどよい距離感」を保つのが上手です。

仕事上必要なコミュニティに属したり、パーティーに参加することはあっても、決して群れない。つねに独自のスタンスを持ち、自分のポジションをうまくつくっています。

だから、人とは違うエネルギーを持つことができ、それがあるから、人とは違う発想を生み出すこともできるわけです。

とは言え、グループやコミュニティをすべて否定するわけではありません。

グループに入ることを避けられない状況もあるでしょうし、そこでしか得られないものがある、というのもわかります。あるいは、すでに入っているグループを急に抜けるのは難しい、ということもあるかもしれません。

ただ、グループにいるときも「ほどよい距離感」は意識しておいたほうがいいでしょう。距離感さえ保っていれば、「悪いエネルギー」の影響を受けにくくなります。

そして、「群れない」スタンスを持って接していれば、周りがうまく距離を取ってくれるようにもなります。

来月のパーティーには来てほしいけど、今月の飲み会は愚痴大会になりそうだから誘わないでおくね、というように。

迷ったら、本当に自分の人生に必要か…？　で考える

グループに参加するべきかどうか迷ったときには、こんな質問を自分にしてみてください。

「この人たちは、私の人生に本当に必要だろうか？」

自分が生涯付き合っていたいと思うくらい、絶対大切な人たちなのかどうかを考えてみるのです。

ビジネススキルを磨くための塾や、セミナーのグループに参加するときは「自分の目的は、本当にここに属さないと達成できないのかな？」といったん考えてみるのもいいでしょう。

自問してみると、本当に必要なものかどうかが見えやすくなります。

会社で誰かの派閥に入ることが当たり前になっていたり、学生時代からなんとなく続いている女子会グループがあったり。周りの人がごく自然に群れている中で、自分だけ「入らない」と言うのは勇気がいりますよね。

「グループに入らなければ」という意識が働いていると、視野が狭くなって他の選択肢が考えられなくなります。

でも冷静に考えてみると、案外その場所じゃなくてもいい、ということがあります。

付き合う人や環境は変化があって当たり前

「それほど大事じゃないな」

「ここじゃなくても目的は達成できる」

と思ったら、あまり深く関わらないようにすればいい。派閥に入らなければ仕事ができないような会社なら、辞めてしまったっていいのです。

世の中には何十億人もの人がいて、選択肢だって星の数ほどあります。

そう、あなたが付き合う人やフィールドはいくらでも変えられる、ということ。

一つの場所に執着したり、「こうしなきゃ」と思い込まなくてもいいのです。
だからこそ「これは自分の将来において価値があるものかな?」という視点で考えるようにしましょう。

POINT!

あなたの未来は自分で変えられる!
得たい未来に必要かどうかで
選んでいこう。

LESSON 9

「遠慮や気遣いだけ」の人付き合いは極限まで減らす!

「悪いエネルギー」を持っている人とは付き合わないほうがいい、グループで群れないほうがいい、というお話をしてきましたが、そうなると難しくなるのが「社会的な人付き合い」です。

本当は自分の感性に合う人だけですませたいものですが、そうもいかないのが、社会です。むやみやたらに嫌な人たちやグループをすべて避けてしまうと、孤立しかねません。

ある程度の関係は築いておかないと、何かあったときにも助けてもらえなくなってしまうので、ほどほどの人付き合いはしておいたほうがいいと私も思います。

とは言え、無理して嫌な付き合いを続けていると、やはりエネルギーを下げることになります。

余計なことや人に関わっていると、気を遣って疲れるし、時間も無駄にしてしまう。「悪いエネルギー」を入れないためには、「無理な人付き合い」はしないことを意識するようにしましょう。

勇気を出して「サクッと」断ってみよう

気が進まない飲み会や、お付き合い的な会合は、勇気を出して断ってみる。

断ったら「嫌われるんじゃないか」「仲間はずれにされるんじゃないか」と不安になりますが、時には断る勇気も必要です。

一時的には「ちょっと付き合いが悪いな」と思われるかもしれませんが、お付き合いに使うはずだった時間を使って勉強したり、得意なことを磨いたりすれば、いつのまにかスキルのレベルがアップしていたり、輝いて魅力的な人になれます。

人は成長している人、結果を出している人に惹《ひ》かれるもの。飲み会にただ参加するよりも、あなたがやりたいことをやっていたほうが、周りの人たちが味方になってくれる可能性があるのです。

その場に留まっている時間のエネルギーを成長エネルギーに変えていきましょう。

すると、嫌われるどころか好かれるようになります。

人の目を気にして「嫌われない努力」をするよりも、自分を磨いて「好かれる努力」をすることに時間を使ったほうがいいと思うのです。


ただ、「行きたくありません」「時間がもったいないので」などとはっきり言って、わざわざ敵をつくる必要はありません。「ちょっと他にやらなければいけないことがあるので」などと濁しながら断ることがポイントです。

白黒はっきりつけることも大事ですが、グレーも必要です。

時として、曖昧さは強力な武器になるのですから。

参加するところとしないところを決める

適度な人付き合いをするうえでポイントになるのは「参加するところとしないところを決めておく」ということです。

自分の体は一つで、一日は二十四時間しかありません。すべてに付き合っていては身がもたないので、「付き合うとき」と「そうじゃないとき」のメリハリをつけるようにしましょう。

【ケース①　会社でのお昼休憩】

シフトに合わせて仲のいい同僚や、同じ部署の先輩、後輩と一緒に外にランチを食べに行ったり、みんなでお弁当を食べたりすることもあるでしょう。

仕事の話や家族の話、恋愛話など明るい話題で盛り上がるランチタイムは楽しいですが、愚痴ばかり言う人がいたり、気まずい沈黙が続くような場合は、せっかくの休憩時間がもったいないと感じることもあります。

嫌な雰囲気の中で悪い話ばかり聞いていると、休んだ気もしません。

そういうときは、食べ終わったら早々に切り上げる。

「ちょっと仕上げてしまいたい資料があるので」「銀行に寄ってから戻りますね」などと言えば、周りの人も悪い気はしません。

食べている間はみんなと一緒に雑談に参加して、その場にいたくないと思うような空気が流れ始めたら抜けてしまう。

こうしたメリハリをつけてみると、ストレスを感じる回数が減ります。

【ケース② 職場や仕事関係の飲み会】

仕事をしていると、どうしても避けられないのが「夜のお付き合い」。

会社でも、勤務時間外だけど、なんとなく参加を強制されるような飲み会があると思います。

歓送迎会や仕事に必要な接待などは参加したほうがいいですが、週に何度もチームや部署での飲み会があったりすると、少し考えてしまいます。

それから、朝まで帰してくれない部長がいたり、二次会、三次会と時間が深まるにつれてセクハラとも受け取れる発言が増えたり。特に女性は、飲みの席で嫌な思いをしたことがある人も多いのではないでしょうか。

終電の時間になっても「帰ります」と言えなかったり、上司に気を遣いながらお酌を続けなければいけないような飲み会は苦痛です。

でも、毎回参加しないのも「付き合いが悪い人」だと思われそうだし、チームワークが悪くなってしまうかもしれない。

ここでも大事なのは、「参加するところとしないところを決めておく」ことです。

仕事関係の飲み会には参加するけど、一次会が終わったら帰る。

気が進まないときは、ちょっと顔だけ出して帰る。

同じメンバーが集まる飲み会には、3回に1回くらい参加する。

など、自分の中でルールを決めてしまいましょう。

あなたが途中でいなくなっても誰も気にしてない

私もたまに同業者の会合に参加することがありますが、二次会に行ったことはありません。井上先生は帰るものだと思われているので、誰も何も言いません。

「ちょっと用事があるので」と何度か帰っているうちに「一次会で帰るキャラ」ができあがる。そういうキャラを一度つくってしまうと楽です。

あまり行きたくない飲み会のメンバーに対しては「お酒が弱いキャラ」で通してしまうのもアリです。

「みんなが盛り上がっている中、自分だけ席を外すのは悪いかな」と思いがちですが、途中でいなくなったところで意外と誰も気にしていません。「あ、あの人帰ったんだね」くらいで、すぐに別の話題で盛り上がるものです。

それに、飲み会に毎回参加しないと職場の人間関係が構築できない、ということもありません。会社はあくまで、仕事をする場所。みんなと仲良くすることが成果につながるわけではないのです。

だから、周りの目はあまり気にせず、参加する場所は自分で選びましょう。

POINT!

遠慮はいらない。
「行かない」意思を
サラッと伝えていこう。

LESSON 10

気持ちのいい断り方を覚えておく

参加しない場合は、その後の人間関係が悪くならないように「気持ちのいい断り方」を用意するのも大事です。

たとえば、仕事でもプライベートでも関わってくる「冠婚葬祭」。これも、どの程度付き合うべきか悩むことがあると思います。

その式に参加する？ 参加しない？ を決める要因とは？

お葬式の場合は最後のお別れなので、できるだけ参加したほうがいいですが、急な場合が多いため、どうしても予定が合わないこともあります。その際は明確に行けない理由を伝え、後日先方と確認を取り合って改めてご挨拶にうかがう、という方法が一般的になるかと思います。

結婚式は何ヶ月も前に日程がわかりますが、悩ましいのは「その方との距離感からそもそも参加するべきかどうか」ではないでしょうか。

たとえば「そこまで親しくない」人に呼ばれた場合。

それが遠方なら、なおさら考えてしまいますよね。ご祝儀に加え、交通費、宿泊費、ドレス代、髪のセット代など、一回の結婚式で10万円以上かかることもある。

「え？　私まで呼ぶの？」と思うような結婚式が年に何度もあると、〝ご祝儀貧乏〟になってしまいます。

それから、結婚する友達にプレゼントを贈るからと、勝手にメンバーに名前を入れられて、費用を請求されるケース。

喜ばしいことのはずなのに、貯金残高の減り具合を見ると素直にお祝いできない、ということもありますよね。

その人とずっと一生付き合いたい！　と思うかどうかがカギ

結婚式の場合は断るのも失礼だし、できればすべて参加したい。けれど、友達や知り合い、親戚が多い場合は、どこまでお付き合いするべきか、難しい問題です。

こういったときは、先述したように「自分が生涯付き合っていたいと思うくらい、大切な人なのかどうか」を考えてみる。

大切な人なのであれば、多少無理をしてでもお葬式や結婚式には参列したほうがいいでしょう。どうしても予定が合わなければ、香典やご祝儀だけ他の参列者に届けてもらったり、電報やお花を会場に贈るのもいいと思います。

「気持ちがこもっている」が伝われば、十分喜ばれる

問題は、それほど大切な人ではない場合。

この場合は、大事な仕事をキャンセルしたり、借金をしてまで参加する必要はありません。

でも、相手が「気を悪くしないような断り方」をするのが大事です。

前もって予定がわかっている場合は、「大変申し訳ありませんが、この日は重要な仕事の案件がすでに入っていて」「ぜひ出席させていただきたいのですが、出張が入っていて参加が叶いません」など、参加したい意思はあるけれど、どうしても外せない用事があることを伝えましょう。

仕事を理由にすると、相手も「残念だけど仕方ないね」とわかってくれます。

なお、ただ断るだけでは申し訳ない気がするのなら、別の形で気持ちを伝えるのがオススメです。

心のこもった手紙を書いてみたり、結婚式だったらＤＶＤレターをつくって会場で上映してもらうのもいいでしょう。

私も贈ることがありますが、とても喜ばれます。会場で参加するよりも、形になって残るものを贈ったほうがかえって感謝されることもあるのです。

生活圏が近い人とは良好な関係を築くほうが吉

「人付き合い」と言えば、近所付き合いや親戚付き合いなんかも悩むポイントかもしれません。

地域行事や親戚のイベント事はわずらわしく感じることもありますが、これについては参加しておいたほうがいいと思います。

地域の清掃活動が面倒だからと、みんながみんな「うちは参加しません」と言っていては、社会が成り立ちません。

それに、自分の都合だけで本来すべきことを避けるというのは、自分の価値エネルギーを下げることにもつながります。

だから、毎回は参加できなかったとしても、なるべく参加しようという意識を持つことが大切。

普段からそうした人付き合いを避けていると、災害があったときに近所の人と助け合うこともできませんし、お葬式のときにお手伝いをお願いする人もいなくなってしまいます。

どんな人でもたった一人で生きていくことはできないわけですから、身近な人たちとは適度に調和し、良好な関係を築いておきましょう。


POINT!

気持ちのいい断り方で、ハッピーな人間関係を意図的につくろう！

LESSON 11

疲れない「合わせ方」

ここで、「人とうまく合わせる方法」についても、いくつかご紹介しておきましょう。

社会には法律のように遵守しなければいけないものから、暗黙の了解で成り立っているようなものまで、さまざまなルールが存在します。

車を運転するなら交通ルールは守らなければいけませんし、電車の優先席は必要としている人に譲ったほうが気持ちいい。

人付き合いも同じこと。

組織やグループでは、どうしても周りと合わせなくてはいけない場面が少なからずあります。会社や地域では「慣例」に従わなければいけないこともあるでしょう。

こうした場面では、「自分に特に不都合がない」のであれば、合わせておくのもよいでしょう。

自分が決定権を持っている場合は別ですが、議論をしても変わらないことに対してケンカを売っても、エネルギーを浪費するだけです。

無意味に思える社内のルールや、グループ内の多数派の意見に納得がいかなくても、ムキにならず、ちょっと周りに合わせておく――。

「一息を入れて」みることも大切なのではないでしょうか。

また、重要な話でない場合は、さくっと聞き流してしまいましょう。

普段から「そうだね」と聞いていれば労せず、周りからの印象も良くなり、本当に大事なところで意見が言いやすくなったりもします。

周囲が快適になる立ち居振る舞い方を考え、緩急をつけて柔軟に対応していれば、しなくていい苦労をせずに済むどころか、結果としてうまくいく場合もあるのです。

「そうなんですね」で意識から放つ

話していてもなんだか噛み合わない人や、自分の常識や正義を押しつけてくるような人とは、どのように付き合うのが良いでしょうか？

育った環境やこれまでにしてきた経験が違えば、わかり合えないこともあります。

価値観が違う相手に「あなたはおかしい。普通はこうでしょ」と言われると、イライラして言い返したくもなります。

だけど、揉めたり争ったりするのは嫌ですよね。できれば、余計な波風は立てずに平和でいたい。

私はこういう場合、「そうなんだね」と言って、瞬時に意識から放っています。

いくら自分のほうが正しいと思っても、それを押しつけてしまっては相手と同じことをすることになります。

「常識」「正義」というのは自分の中の勝手なルールであって、他人にとっては理解できないもの、ということもあります。価値観の違いを無視して自分の「正しさ」だけを主張しても、相手を不快にさせるだけです。

かと言って、こちらが譲歩して相手の意見をすべて受け入れる必要もない。

「価値観に寄ってみるだけ」でお付き合いも楽になる

そこでちょうどいいのが「そうなんですね、そういう考え方もありますね」という返事です。

相手を否定するのでもなく、受け入れるのでもなく「受け止める」。

受け入れるは「同意」ですが、受け止めるは同意ではない。こちらが一歩大人になって、相手の価値観に寄るだけ、ということです。

周りの成功している人たちを見ても、みなさんよくこの言葉を使っています。

こうした所作を知っておくと、どんなに苦手な人と会っても心穏やかにいられるようになります。

細かく注意してくる人や、過去のことをねちねち言ってくる人がいても「そうなんだ。気になるんだ」と聞いているだけでいいのです。

POINT!

社会で生きるためには「合わせる」も一つの手段。
「受け入れる」を回避すれば、
疲れず合わせられる。

LESSON 12

「聞いてみる」ことでチャンスを引き寄せる

人の自慢話は聞いていいて嫌になることがあります。

でも時々は、「すごいですね」「頑張ってるね」「どこまでも行きそうだね」とあえて聞いてみてあげましょう。

聞いてイライラするのは、自分がその領域に行けていないから。相手に対してライバル意識を持つから聞きたくないのです。

しかし、自分の成長につながるヒントが聞けるかもしれないチャンスを逃すのはもったいない。

シャットアウトせずに素直に聞いておくと、新しい価値観に触れることができ、自分の世界をより大きく広げることもできます。

なんでも聞いておくと、後々役に立つことがあるものです。

私は不動産の営業電話がかかってきても、「どういう営業をするのかな？」とあえて聞いてみることがあります。そこで営業手法や円滑なコミュニケーション方法を学んだり、逆に「どんなことを言えば相手から切るかな？」と考えては「いい断り方」の研究をしたりもしているのです。

なんでもシャットダウンしすぎず「あえて聞く」ことで、自らの成長につながったりします。

褒められたら、フィールドをずらす返答を

意外と反応に困るのが、やたらと褒めてくる人。

人から褒められるのは嬉しいものですが、あまりに褒められると「あれ、嫉妬されてる？」「実は、嫌味なのかな？」と不安に思ったりします。

「いやぁ、先生は一流の歯科医でありながら本もたくさん出されていて、本当にすごいですよね」

私にもこんなことを言ってくださる方がいますが、ここで「そうでしょう！」と言っ

ては……どこか感じが悪いですよね。

謙遜したり、謙虚な姿勢で接したほうが相手も快いはずです。


こういうときに意識するのは「フィールドをずらす」こと。

相手が歯科関係の人だったら「いえいえ、最近は本ばかり書いていますから」。

出版関係者や同じ著者の立場の人だったら「いえいえ、私なんかただの歯医者ですから」……。


このように、相手がいるフィールドからちょっと遠ざかるような答え方をします。

同じ業界にいる人には、ライバル意識を抱きがちです。そこで相手と同じフィールドに入ってしまうと自我がぶつかり、嫉妬を生んでしまう。どうしても素直に応援しようとはなりにくいものです。

だから、特に親しい人とは「同じ領域に行かない」ということが大事なのです。

それから、「聞かれていないことは言わない」。これも、円滑な人間関係を築くためには大切なことです。

たとえば、「この人はこうすればもっとうまくいくのになぁ」と思ったとしても、余計なアドバイスはしない。相手が求めていないことを言っても、険悪になるだけだからです。

つねに相手を承認した会話をすること。

これを徹底していれば爽やかな人間関係を築くことができるでしょう。


POINT!

聞いたり、ずらしたり、言わなかったり……。
対応の数を増やせば
幸せも寄ってくる!

CHAPTER 2

愛とお金のエネルギーをみるみる高める！

～「愛される私！」と決めるだけで人生が変わる8つのルール

LESSON 13

ダメンズとは距離を置く

「エネルギー」というのは、身近な人の影響を強く受けるものです。

特に夫や恋人など、いつもそばにいる人からは一番エネルギーを受ける。

だからこそ、どんな人と一緒にいるか、はとても大事なことです。

浮気、嘘、酒、束縛……クセは治らない

あなたのパートナーはどんな男性ですか?

浮気を繰り返す、嘘が多い、酒癖が悪い。

ギャンブル依存症、暴力的である、働かない……。

もし、こんな条件に当てはまったら要注意。

「ダメンズ」と呼ばれるような男性の場合は、すぐに別れたほうがいいでしょう。なぜなら、こうした「クセ」は治らないからです。

束縛が強い男性もオススメできません。

仕事中でも構わず、1時間おきに「今、何してるの？　誰と一緒？」と聞いてきたり、友達と会ったり実家に帰ることも許してくれないような人。

一見、愛情深いようですが、あなたの都合も考えずに自分のワガママだけを通すような男性といては、疲れてしまいます。

自分の欲求で周りを不幸にするような男性は、無責任。あなたの将来に対する責任を取ってくれることはないでしょう。

ダメな男に時間を費やすのは無駄なのです。そういう男性から得られるものは何もありません。

ダメンズとは一刻も早くお別れして、あなたを幸せにしてくれる男性を見つけることに時間を使いましょう。

誰かに幸せにしてもらうのではなく、自分で幸せになる女になろう

たとえば別れたいと思っていても、離婚したら生活ができなくなる、子どものこと

を考えると離婚に踏み切れない、という女性もいます。

夫の嫌なところに耐えるために精神安定剤を飲んでいるような人を見ると、そんなにつらいなら離婚したほうが幸せになれるのに、と思ってしまいます。そんなお母さんを見ていては、子どもも幸せになれません。

たしかに、離婚は勇気のいることです。

生活の不安もあるし、世間体もある。周りの友達から「あの人、離婚したんだって」と噂されたくない、不幸な目で見られたくない、という気持ちもあるだろうと思います。

でも、自立さえできれば問題はありません。私の周りでも、自立できている女性はみんな男性を捨てて、幸せそうにしています。

「対等の関係」が女性を自由にする

だから、専業主婦であっても、独身であっても、女性は「自分を幸せにしてくれない男性」にはいつでも別れを切り出せるような「自立した自分」をつくっておいたほうがやっぱり良いと思うのです。

スキルや技術を身に付けたり、資格を取ったりして、年を取っても続けられるような仕事を持っておくといいでしょう。そうして、一人でも生きていけるくらいの収入を自分の力で稼げるようにしておく。

生活の基盤ができていれば、男性に人生を振り回されることもありません。経済的に対等であれば、関係性も対等になる。家事も育児も協力し合える「フィフティーフィフティーの関係」を築くことができるのです。

もう、「男性に幸せにしてもらう」という考えは捨ててしまいましょう。

結婚したからといって、幸せになれるとは限らない。それがゴールではないのです。男性に頼らなくても、自分の力で十分幸せになれる。「自分のことは自分でする」と言えるような、経済的にも精神的にも「自立した女性」は素敵だなと思います。

自分の足で立つほうが、良いエネルギーを引き寄せる

「エネルギー」の観点から見ても、「依存」より「自立」のほうが断然強い。

「依存」というのは、嫌なことがあっても相手に合わせて受け入れる、ということ。〝遠

慮の世界〟のエネルギーなので、やっぱり弱いし「悪いエネルギー」なんですよね。

ダメンズと別れられなかったり、いつまでも働かずに実家で暮らしていたり、というのも「依存」です。

その場に留まって現状を変えずにいると、水と一緒でエネルギーもよどんでしまう。そこから「良いエネルギー」が生まれることはありません。

一方、自立していれば、「自分の足で立って生きている」という自信とプライドが生まれる。すると、強いエネルギーも出やすくなるのです。

私の本を読んでくださっている皆さんにはぜひ、依存の「悪いエネルギー」は断ち切って、自分で幸せになれるような「自立した女性」になってほしいなと思います。

POINT!

彼に幸せにしてもらう！　ではなく、
自分が幸せになっていく！
で行動しよう。

LESSON 14

「悪いエネルギー」はむしろ彼にシャットアウトしてもらおう！

自分にとって最良の男性と一緒にいれば、良い影響ももちろんあります。

パートナーは「最強の味方」でもあるのです。

そして、前述したようなダメンズでない限り、なんと夫や恋人を自分の「理想の男性」にしてしまうこともできてしまいます！

彼を、最高のパートナーにして、「悪いエネルギー」から守ってもらっちゃいましょう！

男は成長したい、女は愛されたい

彼を「最強の味方」にする方法をお伝えする前に、まずは男性の特性を知っておきましょう。

男性というのは、何歳になっても少年のようなところがあります。

『ドラゴンボール』の孫悟空のように、冒険をしながら、どんどん強くなりたい。成長欲求が相当強く、むしろ、そこしか興味がない生き物です。

仕事ばかりであまり奥さんや彼女を構わない男性が多いのは、この特性があるから。基本的には放っておいてほしい、自由にさせてほしいと思っています。

一方、女性は、いつまでも愛されたい生き物。

男性からはつねに〝女性〟として扱われたいし、〝女性〟として愛されたいのです。だから、女性はどんなに仕事が好きでも、「仕事がすべて」とはならないことが多いでしょう。仕事も恋愛（あるいは家庭）も、同時並行で器用にこなします。

そう、実は男性と女性は、厄介なことに逆の願望を持っているのです。

「自由にさせてほしい」と思っている男性に対して、「愛して、愛して」と言う女性。どうなるでしょう？　……なかなかうまくいかないですよね。

だから、「本当に愛されて大切にされたい」と思ったら、男性（彼）の性質を理解し、女性として主体的に生きることが重要だと思います。

でも、何をすればいいの？

答えは簡単。「一流の男になって活躍したい」という彼の夢が叶うことを願い、そっとしておいてあげればいいのです。

彼が仕事を一生懸命に頑張りたいなら「がんばれ！」と言って放っておく。忙しそうなときに「会いたい」と言うのではなく、その間にあなたはあなたで自分が興味関心があることに邁進するだけ。

この行動を取っていると……、彼は感謝しはじめます。

成長したい男性にとって「女性からいい時間をもらった！」と思う。

女性にもらえると、男性は返そうとするのです。

彼を「私にとっての理想の男」に変える方法

彼を「私にとって理想の男性」「最高の味方にする方法」は、ここから少し応用するだけ。

彼にしてほしいと思うことを、まず自分がやってみるのです。

たとえば、彼にもっと感謝されたいと思ったら、「ありがとう」という言葉をいろんな場面で使ってみる。

彼が飲み物を取ってくれたら「ありがとう」。寝るときに電気を消してくれたら「ありがとう」。どんなに小さなことに対しても、「ありがとう」と必ず言葉で伝えるのです。

すると、彼もいつの間にか「ありがとう」と言ってくれるようになるはずです。感謝の言葉が自然と彼の潜在意識に刷り込まれ、それが当たり前になるのですから。

「愛してる」という言葉で試してみてもいいですね。

あなたが言い続けていれば、恥ずかしがってなかなか言ってくれなかった彼も、やがて抵抗なく毎日のように「愛してるよ」と言ってくれるようになる可能性は高い。

男性には「行動して見せて」あげる

日本人男性は「ありがとう」「愛してる」と伝えたり、出かけるときに手をつないだり、といった愛情表現が下手ですが、こうした小さな愛情のギフトを積み重ねていれば、それを「学習」し、やがてそれが当たり前となり、幸せな日々も長く続くはずです。

お互い愛情をつねに忘れず、きちんとコミュニケーションを取っていきましょう。
そうすれば、恋人関係や夫婦関係が悪化することもないのです。

あなたが彼にしてほしいと思うことをどんどん自分からもしてあげて、彼を「理想のパートナー」に育てていきましょう。

POINT!

愛して！と言うのではなく、私がしてもらって嬉しい！を彼にもしてあげよう。

LESSON 15

お互い好きなことをしているのが理想的な男女の姿

理想の男女関係は「お互いに好きなことができる」関係。私はそう思います。

先ほども書きましたが、男は「自由に〜させてほしい」と思っています。

それなのに束縛したり、管理しすぎたりしてしまうと、彼は逃げたくなる。

彼があなたの思い通りになることはない、と思っておいたほうがいいでしょう。

あなたがあなたの人生を生きるほど、彼とも幸せになれる

それ以上に、あなたも自分の好きなことを見つけて、そこに情熱を注いでいきませんか。

仕事で目標を立てて頑張ってもいいし、何か習い事を始めてもいい。美容に力を入れて、自分磨きをして綺麗になるのもいいですね。

あなたが「彼を放置している間」に魅力的になれれば、彼のほうから距離を近づけよ

うとしてくれます。

お互いしか見えない、二人だけの狭い世界になってしまうよりも、お互い好きなことをやっているけれど、ちゃんと愛し合っている関係のほうがずっといい。

好きなことをやっているからこそ、許し合えることもあります。結果としてそのほうが、お互いにとって幸せな時間が長く続くのです。

そのためにも、お互い自立した対等な関係でいることが大事。

彼と良好な関係を築き、彼が「何があっても守りたい！」と思うような素敵な女性に自らなってくださいね。


POINT!

彼ではなく、
自分にフォーカスして過ごすだけで
彼は永遠に離れない！

LESSON 16

エネルギーが下がるお金は受け取らない

「悪いエネルギー」を入れないためには、「お金」との付き合い方も大切です。

「お金」のやり取りをするということは、いわば「エネルギー」の交換をするようなもの。

「お金」は生きていくうえで欠かせない存在であり、日常的に使うものだからこそ、扱い方はものすごく重要です。

使い方次第では「悪いエネルギー」の影響を受けることになってしまいます。

まずは、どんな「お金」は受け取らないほうがいいのか、という話をしたいと思います。

相手に感謝されないお金は不幸を引き寄せる

「お金」に対する考え方や価値観は様々ありますが、私は「(お金は)人に感謝されて、いただくもの」だと考えています。

相手に感謝されないで、いただくお金というのは「負のエネルギー」を持っている。必ず、自分に対して「悪いもの」として働きます。

一時的には潤っても、トラブルに巻き込まれたりして、結果的に幸せにはなれないのです。

たとえば、「遺産相続」。

親や親戚が亡くなって莫大な遺産を相続する人がいますが、それによって幸せになった人を見たことがありません。

まず、どんな家でもたいていは誰が相続するかで揉《も》めます。子どもがいない場合や親族が多い場合は、ドロ沼の相続劇が繰り広げられることもある。その結果、親戚間の絆が崩壊してしまうことも珍しくありません。

苦労を乗り越えて相続できたとしても、相続税が払えずに苦しんだり、その遺産を目当てに近づいてきた人に騙されたり、ということもあります。

また、遺産があるからと就職しなかったり、仕事を辞めてニートになってしまったり。逆に、会社を相続して社長になったはいいけれど、身の丈に合わず、倒産させてしまうような人もいる。

ただ遺産を相続しただけなのに、次々と不幸が降りかかる人生になってしまうというのは皮肉なものです。

宝くじの高額当選者なんかもそうですが、「不労所得」というのは人を不幸にすることが往々にしてある。こうしたお金を受け取るときには、注意が必要です。

受け取ること自体は否定しませんが、それを当てにしたり、独り占めしようとするのはいけません。遺産がもうすぐ入るからと仕事を辞めてしまうなんて、もってのほか。

自分が稼いでいないお金に対して欲を見せると、幸せにはなれません。

そんなことよりも、誰かに感謝されるようなお金の稼ぎ方を考えましょう。

不安から来るお金は「負債」になる

遺産の話をしましたが、親であれば誰しも我が子には苦労をしてほしくないと思う。

だから、自分は必死に節約をしてでも子どもに多く残そうとするものです。

しかし、「我慢」をするというのは、自分がつらくなるということ。たとえそれでお金が貯まったとしても、生まれるのは「豊かさのエネルギー」ではなく、つらさから湧き出る「悪いエネルギー」です。

そして、子どものためにお金を使わないというのは、子どもの未来を信じていない、ということでもあります。「この子はダメな子だから、私がお金を残してあげないと」と言っているようなものなのです。

そんな「不安のエネルギー」を持ったお金をもらったところで、子どもが幸せになれるはずもありません。

遺産相続で不幸になってしまう例は先ほどお伝えしましたが、「不安からくるお金」は「負債」でしかないのです。

子どもにお金を残そうとするくらいなら、自分が豊かになれるようなお金の使い方をしたほうが、子どもの人生もよっぽど豊かになります。

「残さない」ことが家族を幸せにする

同じ子どもに使うのなら、残すのではなく、教育費に使ってあげたほうがいい。

「資産」よりも「投資」です。

そうすれば、そのお金は子どもの実となり、自立した生き方ができるようになる。どんなにお金持ちの家に生まれるよりも、自分の力で生きていける「依存しない生き方」を見つけられた人のほうが、ずっと幸せになれると思います。

私の両親は財産を残さずに亡くなりましたが、そのことにとても感謝しています。やりたいことをやって好きなように生き、もう人生何も望むことはない、という満足感を持って亡くなった。財産こそ残さなかったけれど、その代わり借金もなければ介護もなかった。「幸せな思い出」だけを残して、旅立ってくれたのです。

自分が亡くなるときに「何一つ残さない」というのは、最高の子ども孝行だなと思いました。私もそのような両親を見習いたい、と改めて思わされました。


POINT!

感謝されてもらうお金ほど、
あなたをどんどん
幸せにする。

LESSON 17

エネルギーが下がるお金の使い方をしない

「エネルギーが下がるお金のもらい方」についてお伝えしてきましたが、逆に使う場合はどうでしょうか？

「お金の使い方」ももちろん、「もらい方」と同じくらい大事です。

もし、いつもお金がなくて困っているなら、それは「使い方」に問題があるのかもしれません。

「エネルギーが下がるような使い方」をしてはいないでしょうか？

セール品は買わない

あなたは普段、服を買うとき、何を重視していますか？

品質、デザイン、流行など、人それぞれポイントがあると思いますが、「値下げ品」しか買わないという人がいたら、買い物の仕方を見直したほうがいいかもしれません。

セール品や値下げ品というのは、本来持っている価値で人を魅了することができなかった商品。

厳しい言い方かもしれませんが、売れ残っている、在庫処分扱いという時点で「負のエネルギー」を持ってしまっているのです。

そうしたものを買うと、その商品が持つ「負のエネルギー」を取り入れてしまうことになります。

そして、セール品ほど、あまり着ることなく捨ててしまったりします。

そんな服を身に着けても、なんだか魅力的には見えない気がする。自信が持てないからデートにも着ていけない。その結果、クローゼットにしまいこんだままになってしまう……。

「安い服を着ている」という意識がどこかにあり、自分まで安くなってしまったような気分になってしまうのです。

安さを追い求めると、安い人間になっていく

スーパーでも「見切り品」や「半額」の値札がついた食品しか買わない、という人がいますが、日常的に「売れ残りのエネルギー」ばかり取り入れていると、自分自身もだんだんそれに見合った人間になっていきます。

お金を何に使うかというのは、小さな「人生の選択」でもある。

ディスカウント品にばかり目が行く人は、人生の選択もすべて節約志向になってしまうのです。

海外旅行に行くにしても、安さだけを重視した結果、その国の魅力を十分に感じられなかったり、何か資格を取ろうと思っても、学校に通うお金がもったいないからと簡単にあきらめてしまったり。

本当に価値のあるものに目が行かなくなるので、人生を大きく変えるような選択ができなくなるのです。

現状に安住してしまうと、大きな夢も描けなくなります。結果として、小さい世界

で終わってしまう。

もし、あなたが自分の人生をより良くしたい、発展させたいと思っているのなら、セール品や値下げ品ばかりを買わないほうがいいでしょう。

ちなみに、衝動買いや散財もオススメしません。

前から欲しいと思っていた物が目の前に現れたような場合は、「引き寄せ」なので買ってもいいですが、つねに目的のないお金の使い方をしていると、人生の方向性まで見失ってしまいます。

POINT!

安いから！ で生きているほど、
あなたの価値も安くなる。
ディスカウントな人生からは足を洗おう！

LESSON 18

エネルギーが最大化する「身の丈に合った」お金の使い方

もしあなたがお金を増やしたいと思っているなら、「身の丈に合った使い方」をすることです。

遺産相続や宝くじ当選で、巨額の不労所得を手にする人がいますが、不幸な末路をたどる人も多いそうです。一方で、うまくいく人、かえって成功する人もいます。

この違いはなんでしょうか？

それは、大金を手にしたときに「現状を変えてしまうか、変えないか」の違いにあると考えます。

知り合いに宝くじで何度か高額当選している人がいるのですが、その人は何億というお金が入っても生活を変えませんでした。豪邸を建てるわけでもなく、見た目が派手になるわけでもなく、今まで通り家業を続けました。

生活を変えず、やるべきことをずっと続けているだけ。これだけで周りから嫌われたり妬まれることもありません。つまりエネルギーを下げることがないので、むしろ上がっていくのです。知り合いは、今でも豊かに穏やかに、幸せに暮らしています。

逆に、急に不動産投資に手を出すような人は失敗する事例も見ます。当選した3億円でマンションを買ったとしても、管理費や駐車場代、共済金など毎月何十万円と維持費がかかる。目先の欲に囚われて大きな買い物をしてしまうと、その後の支払いが追いつきません。もちろん、急に生活が派手になる人は、周りからもよく思われないでしょう。

身の丈に合わない使い方は、逆にエネルギーを下げて人生を駄目にしてしまうのです。

お金がある＝幸せではない

たとえば女性に多いのが「結婚するなら絶対にお金持ちがいい！」という発想。「お金はなくても愛さえあれば幸せ」とは言っても、実際に生活するにはお金がかかるので、稼げない男性より稼げる男性のほうが頼もしいと思うのは当然です。

でも、お金があり、贅沢な暮らしをしている人たちが全員幸せかというと……、そうとも思えません。

友達みんなから羨《うらや》まれるような玉の輿《こし》婚をしても、数年後には夫婦仲が破たんして仮面夫婦になっていたり、夫の仕事が忙しくて、家族一緒に過ごす時間がほとんどなく、さびしい思いをしているような人もいる。

逆に、収入が低くて公営住宅に暮らしているけれども、家族で支え合って毎日を楽しく過ごしている人もいる。「今度の休みまでに頑張ってお金を貯めて、家族みんなでディズニーランドに行こうね」と言える家族もいらっしゃる。

外から見た「豊かさ」には差があるけど、「心の充実」という観点で見ると逆のこともあるのです。

「自己投資」と「社会貢献」でエネルギーを上げる

ちなみに、本当に幸せになるお金の活用法、とはなんなのでしょう?

と思っています。

「良いエネルギー」を取り入れたいと思ったら、「自己投資」か「社会貢献」がいい

「自己投資」とは、わかりやすいもので言えば、勉強会やセミナーに参加したり、本を買うなど。自分のスキルや能力を向上させるために使うお金は、自分にも良い結果をもたらしてくれます。

それから、旅行に行ったり、ワクワクする飲み会に参加したり、クラシックコンサートを観に行ったり。遊びや体験など、人間力を高めるために費やすお金も「自己投資」ととらえることができます。

美容やファッションなんかもいいと思います。エステに行ってプロにお肌のお手入れをしてもらったり、綺麗な洋服を買ったり、自分の見た目を磨くことにお金を使うのも悪くないことです。

要はそこに「目的」があればいいのです。遊びからヒントを得て仕事に活かしたい。見た目を美しくして好感度を上げたい。そう思って使うお金はあなたにエネルギーを

もたらしてくれます。

ただ大金が手に入ったから派手な生活をしてみよう、好きな男性に振り向いてほしいから金品を貢ぐ、というのは「自己投資」ではありません。ただ私利私欲のために使うお金です。

もし大金が入ってもすぐに欲しいものがないなら、目的が見つかるまで待ったほうがいい。我慢をして貯めるのはオススメできませんが、そのための「貯蓄」ならいいのです。

自分がそのお金を使った結果、どうなりたいのか？　ということをつねに考えるようにしてお金を使っていると、いずれお金が還ってきます。

貢献と成長のためのお金は自分をおおいに潤わせてくれる

私は33歳で数億円の借金をしましたが、そこで考えたのが「どうすれば患者さんに満足していただけるか」でした。

最初に多額の投資をしましたが、患者さんに最高の未来をお届けすることを心に課して歯科医を続けました。すると、全国・世界各地から患者さんがお越しくださり、結果、借金も早期に返済することができました。

そして、さらに成長していこうと思い、自己投資をしてタフな自分をつくりました。

そのおかげで一日に15症例もの手術をこなせる歯科医になることもできた。

全部つながっているのです。

「貢献したい」という気持ちを持って、成長のために「自己投資」をしていれば、自分のエネルギーが上がる。すると、収入も増え、お金もよい感じに回ってくるようになるのです。

POINT!

何も残らないものへお金は寄ってこない。
「自分を輝かせるための行動」にお金を流していこう!

LESSON 19

綺麗なお財布には お金が入りたがる

お金が入る場所である「お財布」の選び方についても、ご紹介しましょう。

ちょっと想像してみてください。
あなたがお金だったら、どんなお財布に入りたいと思いますか？

綺麗なお財布がいいな。
足を折りたたまずに伸び伸びとできる場所がいいな。
レシートやカードがたくさんあって窮屈なのは嫌だな……。

そう思いませんか？
お金の気持ちになってみると、どんなお財布を持つべきかがわかってくるはずです。

新品のお財布。整理整頓されたお財布。伸び伸びできる長財布。そうしたお財布にはお金が入りたがります。

居心地が良ければ、「ここは良い場所だよ」と仲間も誘いたくなる。

すると、どんどんお金が引き寄せられてきます。

お財布は手入れして、お友達のように大事にしてみよう

じゃあ、高価なブランド物のお財布を買ったほうがいいのか？

必ずしもそれがいいわけではありません。

でも、やはり貧相なお財布にはお金も入りたがりません。あまりに安いお財布に大金が入っているのは不自然ですよね。

財布には、それに見合った額のお金が入ってくるものです。

お金をたくさん呼び込みたいと思ったら、お金の気持ちになって考えてみる。

そして、お金やお財布を「友達」として見てみる。

「友達である」と思うことができれば、皆さんは大事にしますよね？

いいものとして丁寧に扱いますよね。

その意味でも、少し背伸びをして買えるくらいのお財布を選ぶのも一つの方法。
きちんと手入れをして、くたびれてきたら新しい居場所を用意してあげる。
お金が「ここに入りたい！」と思うような環境をつくって、「良いエネルギー」をまとったお金をたくさん引き寄せていきましょう。

POINT!

お金と友達になって、大切に扱うだけでプラスのお金のエネルギーを引き寄せられる！

LESSON 20

「お金がない」と言うのをやめる

「引き寄せ」と言えば、言葉で「お金がない状態」を引き寄せてしまっている人もいます。

「お金がない」が口癖の人で、お金が入っている人を見たことがありませんよね。

それもそのはず。「お金がない」と言うのは、自分で「自分は貧乏」だと認めている、ということ。

貧乏にはお金が寄りつきません。「ない」というエネルギーを持っていては、お金を引き寄せられないのです。

豊かになりたいのなら、まずは「お金がない」と言うのをやめてみましょう。

「ない」ではなく「どうしたら増えるかな?」を考える

そして、お金がない人というのは、「なぜ自分にお金がないのか?」ということを考えていない人です。

最初から「自分には無理だ」とあきらめてしまっているから、低所得のままなのです。

低所得だから自己肯定感も低くなり、「自分なんか生きてる価値もない」とネガティブワードばかり繰り返すようになる。

自分で価値のない人間だと決めてしまっているのです。


お金が欲しいのなら「どうしたらお金が稼げるようになるだろう？」と考え、稼げる自分になることです。

一度、周りのお金持ちの人や、給料の高い会社に勤めている人と会って話をしてみるのもいいかもしれません。

そうすれば自分に足りないものが見えて、何をすべきかがわかるはずです。

そういう人が周りにいない！　という人がいますが、実はそばにいたりします。

それこそ、本を出して有名な人はある意味「目標を実現している人」です。

いわゆる作家という人たちですが、彼らは講演会やセミナーなどで全国を飛びまわっています。

偶然にもあなたの近くでイベントが行われるかもしれません。

そういう場合は、ぜひセミナーやイベントに参加したりして、思い切って会いに行ってみてください。

憧れの歌手やスターのライブ、講演会などに行くのでもいいでしょう。

どんな形であれ、実はあなたの身近に「お金持ち」はウロウロしているものです。

「無料」からは、結局何も得られない

「できることならお金は一銭も使わずに何かを得たい」という人。

そういう人は公共施設や無料のセミナーなど、お金がかからない場所を好んでよく訪れます。

しかし、私は「無料のものから得られるものは何もない」と思っています。

何もないというのは言いすぎかもしれませんが、有料のものに比べたら得るものははるかに少ないだろう、と思います。

私自身、これまでに数え切れないほどのセミナーを受講してきましたが、無料のものと有料のものを比べてみると、その価値は全然違っています。

わざわざニューヨーク大学まで通って受講していたこともありますが、やはりそこで得た知識や経験は、無料のものとは比べものにならないくらい大きなものでした。

無料というのは一見お得に思えますが、結果的には損をすることもあります。

なぜなら、無料の場所というのはエネルギーが低いから。

来る人も意識が低い人が多いので、どうしても「負のエネルギー」が集まりやすいのです。

そして、無料ということは、どんな人に対しても開放されている、ということ。お金がない人だけでなく、あらゆる人が同じ空間に集まります。

病気の人や、家庭がうまくいっていない人、「悪いエネルギー」を持った人がたくさん集まり、負のエネルギーが混在している可能性があるのです。

そういう場所によく行っていては、他人の「悪いエネルギー」を受けることになるでしょう。

もちろん、お金を払わないで何かを得られるなら、そのほうがいいですよね。

お金の交換で高いエネルギーを得る！

しかし、お金というのは知識や労力を人に与えて、その「対価」として支払われるものです。

セミナーを主催する側も、有料にする以上は、金額に見合うものを提供する必要はありますが、料金が高額であればあるほど、参加者に対して価値のあるものを提供したいと思うわけです。

セミナーという場所では「情報エネルギー」の交換が行われます。つまり、金額に応じたエネルギーが交換されているということ。

であれば、参加する側もきちんとお金を払って、その対価として「高いエネルギー」を得たほうがいいだろうと思うわけです。

そして、お金を払って参加すると、「この場から何かを得よう」とする意識が強く働きます。

せっかく高いお金を払って来ているわけですから、ボーッと話を聞くわけにはいかない。元を取らなければ、と思いますよね。

こうした意識を持って参加すると、吸収できるものも格段に多くなります。

実際に、私のセミナーでも、高いお金を払ってくださった人ほど、どんなに小さなことでも自分の価値に変えようとし、ずば抜けた成長を遂げているな、と感じます。

そういう意味でも、何かを得たいと思ったら、有料の場所に行くことをオススメします。

ちょっと背伸びするくらいのものにお金を投下する

金額が高いセミナーほど、良質なものを得られる可能性は高くなりますが、無理をする必要はありません。

自分の金銭感覚で考えて、「少し高いな」と思うくらいのものを選べばいいのです。

お金に余裕がある人なら1万円以上のセミナーに行けばいいし、どうしても余裕がないのなら、安くてもいい。

たとえば、2000円だとしても、本当にお金がない人が「どうしても学びたい」

と思って参加するのなら、それは高いエネルギーを得ることになります。
「頑張って参加しよう」という気持ちから、エネルギーは生まれるのです。
他者の感覚に惑わされることなく、自分の基準で選べばいいでしょう。

POINT!

ちょっと頑張れる！ というお金の使い方が
あなたを本当に幸せにする。
思い切って、自己投資をしてみよう！

CHAPTER 3

エネルギーが下がる環境から卒業する！

～潜在意識からマイナス・エネルギーを取り除く13のコツ

LESSON 21

エネルギーが下がる情報は見ない、聞かない

私たちは、身を置く「環境」と、取り入れる「情報」しだいで、いくらでもエネルギーをポジティブなものに変えることができます。

つまり、「悪いエネルギー」を入れないために、どんな「環境」を避け、どんな「情報」を入れないか、ということがとても重要、ということです。

本チャプターでは、エネルギーを下げる「環境」「情報」と、そこから脱するための方法について、具体的にお伝えしていきたいと思います。

「情報」に触れすぎない

テレビや新聞などのメディアだけでなく、インターネットが普及している現代は「超情報化社会」。

私たちはインターネットを通じて、日々、膨大な量の「情報」に触れています。

一人1台（人によっては2台以上）スマートフォンを持つのが当たり前の世の中では、「見たくない情報だな」と思っていても自然と目に入ってきてしまうもの。中には、誰かを批判する内容や愚痴、宗教や政治といった、特定のイデオロギーに満ちた主張など、ネガティブな内容もあります。

一人では到底処理できない「情報の洪水」に飲まれて、息苦しさを感じている人も多いのではないでしょうか。

日々こうした「情報」に触れていると、どんなことが起きるでしょう？

むやみやたらに「情報」を取り入れていると、潜在意識を混濁化することになり、ノイズが増えて、さまざまな人の意見や常識に振り回されてしまいます。

自分は良いと思っていても、「あれ？　みんなが言ってるってことは、私の意見が間違ってるってことなのかな？」と自信が持てなくなってしまったりします。

「自分で欲しいものを探しに行く」ためにネットを活用しよう

メディアやSNS上で、芸能人の不倫が叩かれますが、不倫をした人に対して「死んだほうがいい」「二度とテレビに出るな」「謝れ」などと過激な発言をしている人を見ると、違和感を抱きます。

その人の配偶者が不倫をしたのなら許せない気持ちもわかりますが、芸能人はその人に対して直接、罵倒されても仕方のないような迷惑をかけたのでしょうか？

不倫は道徳上、民法上の問題はありますが、あくまで当事者間の問題。死んで償わなければいけないほどの大罪を犯したわけではないですよね。

でもみんなが執拗に叩いていると、なんだか重罪のような気がしてきてしまい、怖いな、と思います。

インターネットというのは、「過激な意見」が目立ちやすい場所です。

そして、その少数派の意見に「サイレントマジョリティー」と呼ばれる、大多数の「特に意見を持たない人たち」が扇動されてしまう、ということがたびたび起きてしまうのです。

「情報」というものは本来、「探しに行く」「取りに行く」もの。

自分の目的に合わせて、「必要だと思うものだけ」を取り入れるべきです。

ところが、過激な誹謗中傷などネガティブなものも含めて、すべて受動的に浴びていると、「偏った意見」や「作為的なイデオロギー」に染められてしまうことがある。

その結果、冷静な判断ができなくなり、本来の目的を見失ってしまうことになるのです。

他人から「悪いエネルギー」の影響を受けないためには、「いらない情報を受け入れない」ということが本当に大切です。

情報を浴びてもいいけれど、取捨選択をしていきましょう。

自分の目的や判断軸に従って、「エネルギーが下がる情報は見ない、聞かない」ということを意識し、他人の意見に惑わされないようにしていくことが必要です。

インターネット以上に「本」から「正確な情報」を取り入れる

2016年の熊本地震発生直後、「動物園からライオンが逃げた」という投稿がツイッター上で拡散されました。

しかし、このときに使われた写真は、実際にはヨハネスブルグで撮られた写真であることが判明。デマの投稿者は動物園の業務を妨害したとして、逮捕されることになりました。

また、多くの情報提供サイトで、正確性を欠いた情報や、無断転用された記事が掲載されたことが問題になったこともありました。

このように、インターネット上の情報には「真偽が定かではない」ものも多い。信じて安易に拡散してしまうと、拡散した側まで罪に問われる可能性もあります。インターネットは非常に便利なツールである半面、そこで得られた情報の取り扱い方がとても難しい、という側面があるのです。

では、「正しい情報」を得るためには、どうするのがいいでしょうか？

私は、何かを知りたいと思ったら、インターネットだけではなく、本や辞書、新聞や雑誌などを調べるようにしています。

本や雑誌などの紙媒体は、いろんな人の手を経て世に出されるもの。著者や記者一人の意見だけではなく、担当編集者、編集長、校閲など、各分野の専門家が情報の正当性を客観的に見て、問題ないと判断されたものだけが出版されています。

そして、書籍内で何かを説明するときには、信用性のあるデータを引用し、必要であれば引用先も明示する必要があります。

自費出版の場合は著者の主観のみが反映されるケースもありますが、書店に並んでいる「多くの本に書かれている情報」は、少なくともインターネット上に掲載されているものと比べれば、はるかに信用性が高いといえるでしょう。

よって、インターネットを一つの入り口にするのはいいですが、正しい情報を知りたいと思ったら、紙の媒体から得ることもオススメします。

POINT!

インターネット上の情報を鵜呑みにしない。
振り回されない。
本なども活用して正しい情報のインプットにつとめよう!

LESSON 22

名著から本質を学び、「ブレない判断軸」をつくる

「どんな本を読めばいいですか？」と質問されることがありますが、何十年と読まれ続けているようなベストセラーや、「古典」「名著」と呼ばれるような本は読んでおいて損はないでしょう。

たとえば、孔子の教えをまとめた『論語』などの古典や、松下幸之助や本田宗一郎などカリスマ創業者の「経営哲学」系の本、ピーター・F・ドラッカーの『マネジメント』といった経営学について書かれた本などは、オススメです。

普遍を学べば、グローバルに通用する

こうした本からは、時代を経ても変わらない「本質性」や、国や生きる環境が違っても多くの人に支持される「普遍的な考え方」が学べます。

普遍的かつ本質性・継続性があるということは、その本に影響を受けた人がたくさ

んいる、ということ。読むことで、必ずあなたの仕事や人生に役立つことは間違いありません。

また、「グローバルスタンダード」という言葉もあるように、波及性の高い情報を普段から仕入れ、世界共通の価値観や思想を知っておくと、どんな人とでも話すことができます。たとえ、世界的に著名な経営者と話すことになっても、話題に困ることはないのです。

「ブレない私」を育てるために本を読む

読書を通して「本質」を学ぶことは、人間として真摯に生きていくためのベースをつくることでもあります。

言い換えれば、「自分の中でブレない判断軸」を築くことができる、ということ。

本質を知っていれば、環境や時代が変化しても対応できるし、異質な意見を持つ人と出会っても道が逸《そ》れない。

どんな主義主張に対しても、本質と照らし合わせて「これは取り入れるべきか？」という判断ができるようになるのです。

この「判断軸」さえ持っていれば、ネット上の意見や、特定のカラーを持ったメディアの記事に扇動されることもなくなります。

情報に触れるときにはつねに、

「目的を持って探す」

「本質的なものと照らし合わせて判断する」

この2つを意識してみましょう。

これができるようになれば、「情報」が持つ「悪いエネルギー」に振り回されることもなくなります。


POINT!

本を読むことで、ブレない軸ができ、
真の自分らしさで
生きることができる!

LESSON 23

SNSとの正しい付き合い方

「情報に振り回される」と言えば、SNSの影響も大きいですよね。

今や「SNSを使っていない」という人は皆無に等しい。フェイスブック、インスタグラム、ツイッターなどで友達や家族、仕事関係者、知り合いとつながっている人がほとんどだと思います。

SNSが人間関係をさらにこじれさせている

でも、本当はつながりたくない人とつながってしまったり、会社の人の悪口をつぶやいていた裏アカウントが見つかってしまったり。逆に、自分の悪口をつぶやいているのを見つけてしまったり……。

SNS社会だからこその「人間関係の難しさ」を感じている人も多いでしょう。

あるいは、仕事に対する熱い想いや仕事論を得意げに語っている人を見て「暑苦しい」と感じたり、「それに比べて自分は……」と引け目を感じたりすることもあるかもしれません。

「SNS疲れ」は、深刻な社会問題になりつつあります。

そこから「悪いエネルギー」の影響を受けないためには、「SNSとの正しい付き合い方」を知っておいたほうがいいでしょう。

「見過ぎない」がいい

「SNSは一切見ない」という考え方もありますが、私は見ること自体は悪いことではないと思います。

すべて見なくなってしまうと、友達の情報に疎くなり、みんなで集まったときに会話についていけなくなる、ということもあるでしょうし、トレンドを知ることが求められる仕事をしている場合は、弊害もあるでしょう。

情報の「行き過ぎた遮断」は、自分の成長機会を奪うことにもなりかねません。

新しいものに触れることがなくなってしまうと、思考が停止した人間になってしまいます。

ポイントは「見過ぎない」こと。

見てもいいけれど、一つひとつを読み過ぎない、時間を決めて見るようにする、見ない時間をあえて持つなど、自分を疲れさせない対応をしてください。うまくバランスを取るために意識しておきたいコツです。

その情報はあなたにとって最高の価値ですか？

ＳＮＳに振り回されてしまうのは、他人の投稿に対して関心を持ち過ぎて読み込んでしまうから。

自分にとって有益な情報を発信してくれている人のＳＮＳは丁寧に追ってもいいですが、その他のものは、自分の人生に対して本当に価値を生むものかどうかを冷静に考えてみましょう。

「必ずしもそうではないな……」と思うものは「いいね」だけ押して、あとは「単なる情報」として流し読みをする程度にすればいいのです。

ここでも自分自身の「判断軸」に従って、振り回されないことが大事。

むやみやたらに情報を取るのではなく、「情報ダイエット」をするくらいの感覚を持つようにする。

そうすれば、不快感を感じることもなくなりますし、友達の愚痴投稿を見て嫌な思いをすることもなくなります。

自分の投稿に対するコメントにも、一喜一憂しないことです。

もし批判的なことを書かれても、先述したように「ネガティブワードは受け流す」、あるいは思い切って投稿を削除しても良いでしょう。長々とやり取りを続ける人がいたら「向き合うところとそうじゃないところのメリハリをつける」ということを意識するようにしましょう。

POINT!

SNSに振り回されない。
SNSがなくても
生きていける!

LESSON 24

嫉妬や引け目を感じたら、「商品の情報」としてとらえる

友達のSNSを見ていて「羨ましい」「あの人ばっかりいい思いをしていて悔しい」「イライラする」と感じたことがある人も多いと思います。

いつも高級レストランでばかり食事している人。毎週のように高級ブランドのバッグやコスメを買っている人。頻繁にトレンドスポットを訪れたり、海外旅行をしている人。

SNS映えする写真ばかりを投稿している人を見ると、モヤモヤしてしまうことがありますよね。このモヤモヤも「SNS疲れ」を生む要因の一つです。

SNSで嫉妬や引け目を感じたときは、こんな風に考えてみましょう。

この人は、「商品」や「オススメスポット」を紹介しているんだな。旬の情報を教えてくれてありがとう、と。

「ただの情報」で既読スルーしておこう

高級レストランの食事は「食べログ」やグルメ雑誌を見る感覚。

高級ブランドのバッグやコスメは「シャネルでこんな新作を出したんだ」とファッション雑誌を読む感覚。トレンドスポットや海外旅行は、旅行雑誌や旅サイトで情報を得る感覚……。

そんな見方をすれば、それらの投稿はただの「情報」になる。インスタグラマーのインスタグラムを見るのと同じ感覚でいればいいのです。

インフルエンサーの投稿に対して、いちいち「嫉妬」をする人はあまりいないと思います。なぜなら、自分もそうなりたいと思っているわけではないから。

自分と近い環境にいる人だからこそ、「どうして私よりもいい暮らしができるんだろう」「あの人ばっかりズルい」という気持ちになりやすいんでしょう。

負の感情を持たないためには、これらの情報からは目線を離し、「知らない人の投稿」「ただの情報」として見るのがオススメです。

SNSというのは、「華やかな自分を演出しやすい場所」でもあります。

中には、無理をしている人もいる。みんなからの「いいね」が欲しいがために、借金をして身の丈に合わないものを買い、その生活レベルを「自慢」するかのような投稿をしている人もいるでしょう。

SNSを見ていてモヤモヤするような感覚を持ったら、「ああ、この人も頑張ってるんだな」と一歩引いた心で見るようにしましょう。

POINT!

SNSの発信を真面目に受け入れない。
引いた目線で眺めることも、
SNSをうまく使うコツ!

LESSON 25

エネルギーが下がる場所には行かない

続いては、「情報」と同じく重要な「環境」についてです。

周りから「悪いエネルギー」の影響を受けないためには、何に気をつけるべきなのでしょうか？

代表的な例が「不特定多数の人が集まる場所」。

このような場所に行くと、「悪いエネルギー」の影響をかなり受けやすくなります。

満員電車、混雑した場所にはリスクが潜んでいる

たとえば、満員電車やハイシーズンの観光地、行列ができるスポット、一般の人に無料開放されている施設。

こうした場所には、さまざまなステイタスを持った人がたくさん集まっています。

すなわち「玉石混淆《ぎょくせきこんこう》」の世界とも言えますね。もちろん礼節を持ち、正しいマナー

を持った人も多いでしょうが、中には風邪を引いている人や、仕事や生活のイライラが隠せない人、スマホに熱中して周りの人や状況が見えていない人、そして時として（あまり言いたくはないのですが）刃物を持った危険な人でさえ紛れ込んでいる可能性だってあります。

すなわち、「ありとあらゆるリスクをはらんだ場所」だとも言えるのです。

余談ですが、「社長」の方々は、こうした場所をあえて避けるように指導されることもあるそうです。

混雑した場所では、急に誰かに名指しで自分のことを公表されることがあるかもしれないし、それこそ襲われる危険性もあります。それらを考慮して、移動する際は、電車に乗らなかったりする。そして、自家用車を運転することも、交通事故のリスクがあるので禁止されるということも……。

他にも、不要なトラブルを避けるために、外へ食事に行かなかったり、毎度のように出前を取らない……など、行動を制限されることもあるそうです。

行動一つが株価に影響しかねない「社長」という立場にある人は、徹底的にリスクを排除して生きているのです。

「人混み」ほどエネルギーを消耗する場所はない

とは言え、現実的には、ハイシーズンの観光地や無料の施設に行くことは避けられても、通勤の足である電車に乗ることは避けられないことも多いでしょう。

朝からギュウギュウの満員電車に乗って、近寄りたくもない不潔な男性と体を密着させなければいけなかったり、大音量で音楽を聴いている人がいても我慢しなきゃいけなかったり、息さえするのもやっとの状況下に置かれることも……。

仕事を始める前にヘトヘトに疲れてしまう。この本を手に取ってくださっている方の中にも、そんな人がいるかもしれません。

毎朝満員電車に乗って通勤されている皆さんは、本当に大変だと思います。

でもやはり、「エネルギーを下げる」という観点で見ると、満員電車は「ネガティブなエネルギー」が沸き立っている場所と言っても間違いではないでしょう。

体が直接触れ合うという状況では、言葉でのコミュニケーション以上にエネルギーの影響、エネルギーの消耗を受けやすいからです。

一番大切なのは「体の快適さ」と「自由な時間」

では、どうすれば良いのでしょうか？

一番オススメなのは、会社の近くに引っ越してしまうことです。

満員電車に乗らなければ、余計な体力を奪われずに済みます。その分、朝から元気に働けるので仕事の効率も上がる。人ごみに酔って体調を崩すこともなくなり、毎日快適に過ごせるようになるでしょう。

通勤時間がなくなれば、趣味の時間を増やすこともできますし、電車の時間を気にせずにお付き合いを優先することもできる。

通勤時間が一日に占める割合って結構多いものです。毎日片道1時間半かけて通勤していたとしたら、往復で一日3時間。1ヶ月間で考えると、約60時間。通勤時間がなくなるだけで、それほどの余暇をつくることができるということです。この差は大きいですよね。

家賃が高くなってしまうという課題はあるかもしれません。しかし、遠方で安い物件に住んでも、家賃で浮いたお金を結局遊びや娯楽に費やす人が多いのです。一時的な金銭面のデメリットを差し引いても、あまりある大きなメリットがあると言えるでしょう。

エネルギーを下げない「小さな工夫」から始める

どうしても引っ越すのが難しければ、通勤時間帯をずらしてみるのもオススメです。ラッシュの時間帯よりも早く会社に行って仕事を始めてみる、カフェでのんびりとコーヒーを飲みながら読書をしてみる。

何にせよ、「悪いエネルギー」を入れないための小さな工夫を一個でも行ってみることです。すぐに生活を変えることが難しければ、体調が悪いときだけでも、タクシーを思い切って使ってみるなど、できることから始めてみてはどうでしょうか。

タクシー代がもったいないと思うかもしれませんが、ただでさえエネルギーが下がっているときに無理をして満員電車に乗ると、さらに体調が悪化し、途中で緊急停車し運び出されることも想定されます。

そんな感じだと、翌日から数日間、仕事を休まなければいけなくなったり、大事な会議なのに頭が回らなくて何も発言できなかったりと、タクシー代以上に自分にとってマイナスの事態が起こりかねません。

それよりも、タクシーを使って体力を温存し、乗車している間にメールの返信の一つでも済ませてしまったほうがよっぽどいいでしょう。

自分の「体の快適さ」と「自由な時間の確保」。これに勝る価値はないのです。

POINT!

心地よさを優先させた行動を取って、良いエネルギーを溜めこもう!

LESSON 26

エネルギーが下がる仕事を無理にしない

一番身を置く時間が長い「環境」は、仕事をしている場合は、毎日行く「職場」ですよね。職場からは良いものも悪いものも含め、多大なエネルギーの影響を受けることになります。

職場での過ごし方は、人生そのものにも影響してくると言ってもいいでしょう。「悪いエネルギー」を入れないためには、どのような仕事をするべきか、どんな職場環境に身を置くべきか、ということも考えておく必要があります。

イライラの原因は「ワクワク」を押し込めて行動していること

「この書類、明日までにつくっておいてね」
「ミーティングをセッティングするので、今週前半で都合のいい日程をすべて教えてください」

会社ではよく、こうした会話が飛び交いますが、「そもそもこの書類って、本当に必要なのかな?」「ミーティングは今やるべきことなのだろうか……」と思ったことはないでしょうか?

特に大きな会社組織では、無駄と思われるような書類や会議が多数存在します。

誰も見ないような形式だけの書類を作成したり、大した議題もない会議に1時間も取られたり……。時間がもったいない。スケジュールの仮押さえをされるのはストレスだ、と感じている人も多いはずです。

目的がないような仕事や意味を見出せない仕事というのは、行っていてもワクワクしません。ワクワクしないことを毎日続けていては、ストレスも溜まります。

とは言え、やりたくないと思っても、なかなか断れるものではなかったりする。

特に日本の女性は責任感が強く、真面目なので、なんでも完璧にこなそうとします。

部下や上司のフォローまで引き受けて、つねに抱えきれないほどの仕事を背負ってしまっている人も多いのではないでしょうか。

結果的に、「私はこんなにやっているのに、どうして周りはやってくれないんだろう」と同僚や部下に対してイライラしてしまったりもする……。

あえて「出席」を目的化してみる

どうしてもワクワクを感じられない仕事をして自分のエネルギーを下げないためには、どのようにするのがいいのでしょうか?

たとえば、自分にとっては、それほど重要ではない会議に出席しなくてはいけない場合。

私だったら、積極的に考えることはせず「ただその場にいる」ようにします。

自分が発言することで結論が出たり、有意義な議論が展開されるようなら積極的に参加しますが、あまり発言すべき立場ではない場合や、そもそも結論を出すことを目的としていないような会議の場合は、無関心で聞くようにしています。

ただ、それだけでは時間の無駄にもなってしまうので、俯瞰しながら会議の様子を観察しています。

人は堂々巡りの話でも仕事となれば延々と続けられるんだな、フォーカスすべきことが共有できていないとこのように会話がずれていくんだな、自分だったらこのように提案して効率よく進めるだろうな……などと考えながら。

出席することが仕事、というような場合には、自分の勉強の場としてとらえてみるのです。

自分から仕事をつくって、提案してみる

無駄な書類やデータの作成を大量に任されている場合は、逆に改善案を上司に提案してみるのもいいでしょう。

たとえば、自分の部署で新しく顧客データを作成することになったとします。

しかし、顧客データのような基本的なものは、すでに他部署で管理していることが多い。その場合は、一から作成するよりも、他部署との連携を考えたほうがはるかに効率がいいでしょう。

こうしたケースでは、「他部署からデータをもらって、必要な形に整えたほうが早くできるので、調整をしてもいいですか?」と上司に打診してみる。

「そのやり方は無駄なのでやりたくありません」と言っては上司の機嫌を損ねてしまいますが、具体的な案を提案すれば、納得してもらえるでしょう。

書類やデータ管理といった仕事は、放っておくと増えていく一方ですが、依頼して

いる側にはその意識がなかったりします。

すべて受け身で引き受けるのではなく、時にはもっと効率的なやり方はないか、減らす方法はないか、と考えて提案してみるのも大事です。

きちんとお膳立てができていれば、「君は段取りがいいね」と評価してもらえることだってあるのですから。

自分の担当すべき領域に集中し、それを整理して減らすことを考える。

自分でコントロールできるようになれば、ストレスを抱えることもなくなります。

能動的に動いていれば、エネルギーも活性化していきます。

「エネルギーは自分で動かしていくんだ」くらいの気持ちを持って、作業的な仕事ともうまく付き合っていきましょう。


POINT!

嫌な仕事をそのまま進めるのではなく、ワクワクの感情に変換することで切り抜ける方法もある！

LESSON 27

自分のエネルギーが下がっているときほど、ポツポツと仕事を進めよう

仕事でミスをしてしまったり、同僚とうまくコミュニケーションが取れなかったり。何をしてもうまくいかない日、というのもあります。

そういうときは、自分のエネルギーが下がっている証拠。

体調が悪い日や生理中は、わけもなくイライラしてしまったり、モチベーションが上がらない。いつもの調子が出ないことも多いですよね。

私たちはロボットではなく、人間。

そういう日もあって当たり前です。

でも、そんな状態のときも、仕事は待ってくれない。

どんなに調子が悪くても、会社を休めない、仕事を止められない局面があります。

エネルギーが下がっているときは、どのように仕事と向き合うのがいいでしょうか？

仕事をガンガンせず、ポツポツと進めてみる

私は、「今日は体調が悪いな」「疲れてるな」「なんだか気分が乗らないな」と思ったら、一歩踏み込んだような仕事はせずに、そつなくその日を過ごすようにしています。

そういうときに大仕事をやろうとしても、うまくいかないからです。

その日じゃなくてもできることは、無理にやらない。自分のエネルギーが回復するのを待ってから着手します。

それから、調子が悪いときほど「慎重に、丁寧に」ということも心がけています。

エネルギーが下がっているときは、普段通りのことをやっていてもミスをしやすいもの。いつもならしないような言い方をして、思いがけなく相手を怒らせてしまうことだってあります。

だから、いつも以上に慎重に仕事をし、仕事相手にも気を遣って丁寧な関わり方をするように心がけています。

気分転換を細ぎれで入れてみる

なんだか流れが悪い。想定外のことばかり起きてしまう。このクライアントにはいつも怒られてしまう。

そんなときには、一度「落ち着きタイム」を取ることが大事です。

テニスの試合を見ていて、応援している選手はなかなかサービスが決まらず、サービスゲームを落としてしまったり、ミスショットを連発したりして、相手の得点シーンばかりが続く、ということがありますよね。

でも、タイムを取ったり、次のセットになった途端、別人のような動きを見せ、その試合に勝ってしまうこともあります。

これは一度、相手に有利な流れを止めて、エネルギーを変えることができているからです。

仕事でも、うまくいかないときは10分休憩を挟む。早めにランチタイムを取る。一度その仕事を離れて、メールチェックなどの軽い仕事をしてみる、などちょこちょこ間を置いてみるといいでしょう。

その間に頭を休めたり、「こういう方法を試したらどうかな?」と考えたりしてみると、新たなアイデアが出たりと、うまくいくことがあります。

悪い流れを断ち切り、アプローチの改善を行ってエネルギーの流れを変える。そうすれば、マイナスの現象をプラスに転換することができます。

エネルギーが下がっているときは、バタバタしないことが大事。

人生は、その時間帯、その日だけではありません。焦らず、場の空気や自分のエネルギーを変えてから取り組むようにしましょう。


POINT!

うまくいかないときほど立ち止まってみる。
一息ついて、心をしずめて、
プラスのエネルギーを生み出そう。

LESSON 28

時々は「評価する人」の意図に合わせてみる

「毎日こんなに頑張ってるのに、どうして給料が上がらないんだろう」

「私のほうが実績を上げているのに、どうしてあの人のほうが評価されるの？」

「アピールがうまい人ばかりが評価されるのは納得いかない」


会社に対して、こんな不満を持っている人もいるかもしれません。

頑張っている仕事が評価されないというのは、つらいですよね。そんな状態が続くと、仕事に対するモチベーションもだんだん下がってしまいます。

評価だけがすべてではありませんが、気合いを入れた仕事に対しては高評価をもらい、金銭的な見返りも欲しいところです。

そこで提案ですが、仕事で評価されたいと思ったら、評価者が「評価したい」と思うような行動をあえて取ってみるのはいかがでしょうか。

一度「評価軸」に合わせてみる

会社では評価軸を公開しているところがほとんどだと思いますが、それをきちんと確認したことはあるでしょうか？

たとえば、給与明細の「評価表」を見ると、成果給や技術能力給というものは、意外とパーセンテージが低かったりします。それよりも、経営者の一存による評価のほうがずっと大きなポイントになっていたりする。

ということは、実績を出していても、評価者に嫌われていたとしたら、それだけで評価が低くなってしまう、ということ。この場合は、仕事で成果を上げるよりも、上司に好かれる努力をしたほうが評価につながるのです。

評価されたいと思ったらまず、会社や上司は何を求めているのかを確認する。自分の評価基準はいったん忘れて、会社の評価軸に合った仕事の仕方を考えてみましょう。

私は経営者なので評価する側ですが、「正当な評価」というのは難しいものだな、とつくづく思います。

もちろん、頑張ってくれている人を評価したいとは思いますが、全員の仕事一つ一つをすべて、細かく見ることは容易ではありません。

そうなったときに評価したいと思うのは、真面目で誠実に、一生懸命やってくれている人。それが「見える化」されている人です。能力はその次だったりするのです。

「感じのいい人」はやっぱり評価される

これは評価に限らず、すべてにおいて言えることですが、つねに「相手が喜ぶことをする」というのは、とても大事なことだと思います。

普段から相手がしてほしいと思うことや、相手が心地良いと感じることをやっている人は、みんなから好かれます。

上司も人間なので、仕事はできても反抗的な態度を取る人よりも、感じのいい接し方をしてくれる人を評価したいと思うのは当然。少なからず、好き嫌いは評価に反映されるでしょう。

たとえば、朝の挨拶はおろそかにしてしまいがちですが、これは評価に大きく関わってきます。

きちんと目を見て、笑顔で「おはようございます。今日も一日、よろしくお願いします!」と言ってデスクに着く人と、優秀だけどいつも眠そうな顔で出社し、無言で仕事に取りかかる人がいたら、あなたはどちらを評価したいと思うでしょうか?

答えは言うまでもないですよね。

相手につねにいい印象を与えることを心がけている人は、誰からも嫌われず、むしろ好かれます。その結果、人生もうまくいきやすいのです。

露骨に媚を売ったり、仕事は大してできないのに上司に取り入ることだけはうまい人が評価されていると、「あの人ばっかり」と負の感情を持ってしまいがち。ですが、それでは自分のエネルギーを下げることになってしまいます。

そんなときは、「なるほど。それもひとつの手なんだな」とちょっとクールになって、その人からあえて学んでみてもよいでしょう。

POINT!

評価は評価者が決める。
一度自我を捨て、
評価軸に委ねてみるのもひとつの道。

LESSON 29

どうしても夢を持てない職場なら、卒業してみよう

皆さんは「転職」を考えたことはあるでしょうか？

今勤めている会社の仕事が面白くない。周りの人と考え方が合わない。給料が上がらない。

あるいは、本当は他にやりたいことがある。自分にはもっと向いている仕事や会社がある気がする、など。

新天地でチャレンジしたいと思ったことがある人も多いと思います。

チャレンジしないで生きるとエネルギーが下がる

新卒の頃から広報の仕事がしたいと思っていたけれど、受かったのはＩＴ企業だけ。仕方なくシステムエンジニアになって、15年が経った。

仕事はそれなりにできるようになったけれど、帰りはほとんど終電だし、土日に出

勤することも多い。何より、ＩＴにそもそも興味がないから仕事が面白いと思えない。

化粧品メーカーの広報をしている友達と飲むと、やっぱりいいなぁと思ってしまう。活き活きと仕事している彼女はキラキラしていて、年を重ねるごとに綺麗になっていくのに、私はただ年だけ取っている気がする。

毎日、同じような作業ばかりして、やりがいも感じない。オシャレをする必要もないから、新しい服や化粧品を買うこともない。気づいたらすっかり地味な女になってしまった。

私は何をやってるんだろう。

でも、もう35歳も過ぎているし、今さら異業種に転職なんて難しいよね……。

チャレンジしたい気持ちはあるけれど、うまくいくかわからないし、なんだかんだ今の仕事は安定しているから転職に踏み切れない……。

この女性のように、モヤモヤとした気持ちを持って現状維持ばかりを続けていると、エネルギーはどんどん、よどんでいってしまいます。

行動がすべてを解決する

「チャレンジしないで生きる」ということは、自分のエネルギーを下げている、ということ。

夢や目標に向かって走らず、痛みやリスクを避けてその場に留まってばかりいては、エネルギーが上がる要素がありません。

「うまくいかないときはアプローチの改善をする」というお話もしましたが、エネルギーを高めたいと思ったら、動くことです。

失敗を恐れず、挑戦してみる。

一歩踏み出してみないと何も変わりません。

夢をあきらめ、現状に不満を抱えたまま生きるには、人生はあまりにも長すぎます。

チャレンジした結果、望む人生を送れる可能性があるのなら、迷わず挑戦したほうがいい。
たとえ失敗したとしても、動けばエネルギーが変わります。
その結果、今とは違う幸せが待っているかもしれないのですから！

POINT!

挑戦は怖いかもしれないけれど、
「今」から確実に変わる薬！
小さな一歩でもいいから動いてみよう。

LESSON 30

いっそ退路を断ってみる

人間というのは、追い込まれたときほど強い力を発揮する性質を持っています。「火事場の馬鹿力」じゃないですが、ピンチのときには想像もつかないような力が出せるのです。

迷っている人は、まず退路を断ってしまうことをオススメします。

たとえば、次の仕事が決まっていなくても、「半年後に辞めます」と先に上司に伝えてしまう。そこから転職活動を開始すればいいのです。

心配かもしれませんが、いざそのスタートラインに立つと、人はどんどん行動できるものです。あとがないことで必死にもなります。

でもその「必死」の中で、あなたがさらに成長し、輝く光を育てることができます。

崖っぷちに追い詰められたときに、そのまま崖を落ちていくことを選ぶ人はいないですよね。誰しも、一歩前に踏み出して、安全な場所に行こうとするでしょう。

そう、後戻りができない状況になれば、あとは前に進むしかなくなります。

自分を逆境に追い込んで、頑張るしかない状態にしてしまう。

チャレンジしたいときは、こうした状況を自分でつくってしまうこともひとつです。

転職をリスクととらえる環境にいると、リスクがやってきてしまう

「その年で転職なんて、やめておきなよ」

「今の会社より給料が下がる可能性もあるんでしょ？」

「早く子どもを産んだほうがよくない？　転職したら産休なんて取れないよ」


あなたがチャレンジしようとすると、こんなことを言ってくる人がいるかもしれません。

キャリアチェンジにはリスクが付き物でもあります。もちろん、あなたを心配してのことでしょう。

しかし、こうした不安を語るのは、転職や人生における変化の経験がない人です。

あるいは、経験はあってもうまくいかなかった人。

キャリアチェンジに成功した人はむしろ、「何を迷う必要があるの？　早いほうがいいよ」と応援してくれるでしょう。

キャリアチェンジが「リスク」というのは、挑戦していない人たちにとってのリスクであって、成功している人たちにとっては、「チャンス」でしかないのです。

世の中に「キャリアチェンジ＝リスク」という考えが広まっているのは、行動してうまくいった人の情報ほど目立たないから。どうしても不安な情報のほうが多く耳に入ってきてしまいがちです。

こうした人たちに囲まれていると、「やっぱり自分には無理かな」と思うようになります。そして、そんな考えを持ちながら転職をはじめとしたキャリアチェンジの活動をしてしまうと、本当にうまくいかなくなってしまう。

「エネルギーの法則」は〝意識の世界〟を引き寄せるもの。リスクと考えるから、リスクを引き寄せ、現実のものにしてしまうのです。

チャレンジしたいときは、リスクを語る人たちとは距離を置いたほうがいいでしょう。

ネガティブな情報ばかり与えてくる人の言葉には耳を貸さない、と決めてしまう。

むしろ、転職や起業して幸せになっている人とたくさん会って、アドバイスをもらうようにすれば、不安もなくなるし、うまくいく可能性も高くなります。

「ドリームキラー」の意見に惑わされず、自分が本当にやりたいことをやれている姿だけイメージする。

そうして、「なりたい自分」を引き寄せていきましょう。

POINT!

「いま」から変わりたい！　と思うなら、
あなたを応援してくれる人や場所へ
身を移していこう。

LESSON 31

自分を安売りしない

転職活動をしようと思ったら、転職エージェントに登録する人も多いでしょう。

でも、思っていたよりも給与が低かったり、条件が悪い会社ばかり紹介されて戸惑うこともあるかもしれません。

あるいは、フリーランスで仕事をしている場合は、なかなかギャランティを上げられずに生活がずっと苦しい、という人もいるかもしれません。

給与額やギャランティは、自分の仕事人としての価値を示す一つの指標。

悪い条件ばかりが続いて提示されると、「私の価値ってこの程度なのかな」と落ち込みますよね。

でも、ここで「生活していくためには仕方ない」「交渉するのも面倒だし」と悪い条件に甘んじてしまっては、自分の価値を下げることになってしまいます。

「この会社や仕事を断ったら、次はないかもしれない」と不安に思うかもしれませんが、その仕事を引き受けてしまうと、実はもっといい条件の仕事をつかむチャンスを失ってしまうことにもなりかねません。

別に安売りしなくていい

仕事の値段を決めるということは、自分自身の価値を決める、ということ。

安い仕事ばかり受けている人は、周りからも「安い人間」だと見られるようになってしまいます。

一流の俳優は、自分のブランド価値を下げないように、仕事は慎重に選ぶそうです。たとえ露出が減っているときでも、ギャランティが安い仕事は受けない。一度安い仕事を受けてしまうと、そのレッテルがついてしまい、価格帯を上げることは容易ではないからです。

新しい仕事を始めるときは「自分を安売りしすぎない」ということを意識するのも大事。

会社や依頼主に選ばれるのではなく、仕事はあなた自身が選んでいいのです。

しっかりとプライドを持ち、意に沿わない仕事はきっぱり断りましょう。

仕事は自分が楽しみつつ、思い切ってやれるか？　を意識する

ただ、条件は良くないけれど、どうしてもやりたいと思うものがあれば、それは別です。

興味を持って頑張れる仕事は、自分を成長させてくれます。意欲が高い仕事は良い結果にもつながりやすい。

そこで出した実績を買われて、もっと大きな仕事の依頼が来ることもあるでしょう。

私自身も、自分が本当に楽しい！　ワクワクする！　と思えるような仕事は、あまり条件にこだわらず引き受けています。

周りのフリーランスや経営者の人を見ても、楽しみながら仕事を行っている人は、ギャランティが安くても手を抜かず、結果的に成功しています。

モチベーションを高く持って仕事していると、社会に対して貢献もできるし、実績もついてくる。そんな人は魅力的なので、周りが自然とギャランティも上げてくれる

ようになります。

チャンスをつかむためには、自分を安売りしすぎず、楽しめる仕事を選ぶこと。

そうすれば、転職をする人も、フリーランスの人もうまくいくと思います。

POINT!

大事なのは「楽しみ」が持てるかどうか。

ワクワクする仕事をやっていこう!

LESSON 32

エネルギーが下がるものは部屋に置かない

ここまで仕事にまつわる環境についてお伝えしてきましたが、もう一つ重要な「環境」についてご紹介しましょう。

職場と並んで、いいえ、それ以上に重視すべきなのが「住環境」です。

「エネルギー」が住んでいる家の影響を受けるのは、言わずもがなでしょう。

不要なものはエネルギーを下げる原因

物を買うのは大好きだけど、捨てるのは苦手。

こういう人の家ほど、物で溢れています。

クローゼットに収まりきらないほど洋服や靴があったり、冷蔵庫に賞味期限が切れた加工食品や調味料がたくさん入っていたり、テーブルの上にダイレクトメールや書類が山積みになっていたり。

片づけようにもどこから手をつけていいかわからないくらい、物が散乱している。日々、汚い部屋で不要な物に囲まれて過ごしていると、やはり運気は下がってしまいます。

役目を終えた物というのは、売れ残り品と同じでエネルギーも低くなっている。使わないことでエネルギーも停滞します。

そうした物をいつまでも部屋に置いていては、家自体のエネルギーも低下してしまうのです。

住環境に「悪いエネルギー」を入れないために、「断捨離《だんしゃり》」をして不要な物を処分しましょう。

いつか使う、は「本当に使わない！」のでサクッと捨ててよし！

「不要な物を捨てると言っても、何を捨てればいいのかわからない」

片づけや物を捨てることが苦手な人は、そう思うかもしれません。

「断捨離」の方法については本もたくさん出ていますが（提唱者のやましたひでこさんの著書がオススメです）、思い入れのない物や何年も使っていない物、なくても不自由しない物については、捨てたほうがいいでしょう。

たとえば、「いつか使えるかもしれない」と思って取っておいた、趣味に合わない頂き物、プレゼントが入っていた箱やリボン、服についていた予備のボタン。

これらは、なくても特に困らないものです。おそらく、今後も活用の機会は訪れないので捨ててしまいましょう。

一度使ってあまり気に入らなかったスキンケア用品や化粧品。サイズが合わなくなったスカート。流行に合わなくなったコート。使うわけではないけれど、高かったから捨てられずにいる、という物もあります。

もったいないという気持ちはわかりますが、こうした物は収納スペースも必要ですし、いつまでも残しておくと運気を下げる要因になってしまいます。

これも処分しましょう。

それから、最後にいつ身に着けたか思い出せないような服や靴。買ったはいいけれど、一度も飾ったことがないインテリア雑貨。食器棚の奥にしまいこんだままになっている鍋類など。

もう1年以上使っていない物も、思い切って捨ててしまっていいでしょう。

基本的に、今使っていない物は「不要」と考えます。もし必要になったら、そのときに新しい物を買えばいいのです。

特に服や靴などは、定期的に処分しないと溜まる一方ですし、流行が変わってしまえば一生身に着けることはありません。何年もしてから再び同じ流行が来たとしても、微妙に形や色味が違って結局着られないものです。

不要な物を減らすためには、季節ごとに処分する習慣をつくったり、新しい物を買ったら必ず一つ捨てるなど、自分の中でルールを決めておくといいでしょう。

POINT!

「不要な物」は身の回りに置かないこと。
定期的な「断捨離」で、
家のエネルギーの低下を防ごう。

LESSON 33

自分でできないときは他力をうまく使う

部屋の片づけをしたいと思っても、仕事が忙しくてなかなか時間が取れない、という方もいるでしょう。

せっかくの休みの日は、遠出して遊んだり、たくさん睡眠を取ったりしたいですよね。忙しい毎日を送っているのなら、「休日を片づけに使うなんて、イヤ」「やる気がまったく起きない」と思うのも無理はありません。

そんなときは、「他力」を使うことを考えてみましょう。

今や「家事代行サービス」がたくさんあります。それを利用して、家事が得意な人にお願いすればいいのです。

私は片づけに限らず、料理や掃除、子育てなどもどんどん委託すべきだと思っています。

現代に生きる女性は、とにかく忙しい。仕事に家事、子育てをすべて完璧にこなすのは、どう考えても無理があります。

天地宇宙から注がれるエネルギーには限りがありませんが、それを受ける器の大きさ、あなたの体力や気力には限界があるのです。

無理をして、すべてを一人でやる場合の精神的苦痛と生産性の悪さを考えれば、委託したほうがいい。むしろ、今の時代にすべて自分でやるなんてありえない、とすら思います。

家事は人にお願いして、その分、自分は仕事やワクワクすることに集中して、サービス料を支払えるだけのお金を稼いでいきましょう。

家事代行は「社会貢献」。あなたのエネルギーも高める特効薬

私の周りの高いエネルギーを持った人たちは、みんなそうしていますし、女性の就業率が日本よりも高いシンガポールでは、家にメイドさんがいるのが当たり前です。

日本ではまだ、そうしたサービスを利用することに抵抗があったり、自分でやらないことに罪悪感を感じる人も多いですが、そういう場合は「社会貢献」につながると

考えればいいでしょう。

家事代行サービスを使うということは、代行してくれる人たちに仕事を提供している、ということ。新たな雇用を生み出しているので、社会にも貢献していることになります。

社会貢献をすれば、それによって自分の価値も高まります。だから、罪悪感を持たずにどんどん利用すればいいのです。

なんでも一人で抱え込んで、あれもこれもと背負いすぎるのはやめましょう。

家事は家政婦さんにお願いする。子育てはベビーシッターさんに手伝ってもらう。

それでいいんです。

ワンオペなんかやめてしまっていい。

女性はもっともっと楽に生きるべきです。

お願いした分、時間や心にゆとりができれば、エネルギーも良くなります。

あなたに笑顔が増えれば、パートナーやお子さんも嬉しいし、すべてを一人でやっているときよりも家庭は円満になるでしょう。
エネルギーを下げないためには、「他力」をうまく使って、無理をしすぎないようにしてください。

POINT!

自分で抱え込まない。
「助けて!」と気軽に言える自分でいよう。

CHAPTER 4

得たい未来を手に入れる！ エネルギーアップの秘密

～「幸せしか引き寄せない」自分をつくる16の習慣

LESSON 34

エネルギーが上がる人に会いに行く

「良いエネルギー」を高めるためには「人」の存在は欠かせません。「エネルギーが上がる人との出会い」を増やすことについて、考えていきましょう。

「ミラーニューロンの法則」があなたの人付き合いを変える！

皆さんは「ミラーニューロンの法則」をご存知でしょうか？

「ミラーニューロン」とは、イタリアの科学者ジャコモ・リッツォラッティらによって発見された脳神経細胞のこと。

この細胞は、他人の行動を見たときに、まるで自分自身が同じ行動を取っているかのように感じる「共感能力」を司《つかさど》っていると考えられています。鏡のような反応をするので「ミラー」と名付けられたんですね。

私たちが良くも悪くも周囲の人の影響を受けやすいのは、この細胞があるから。

人間は無意識に、周りの人の真似をしてしまう性質を持っているのです。

ここまでもお伝えしてきましたが、だからこそ「どんな人と一緒にいるか」がとても大事。

ネガティブワードを発する人と一緒にいると、その言葉が知識の貯蔵庫である「潜在意識」に入ってしまいますが、一流の人と話していれば、その内容が潜在意識に蓄積されます。

その結果、相手の体験談を、まるで自分が体験したことかのように人に語ることもできる。

つまり、一流の人と一緒にいれば、「ミラーニューロンの法則」で一流の意識が身に付くということ。

考え方や話し方、振る舞い方にいたるまで、一流の世界に行くことができる、ということなのです。

よく「友人5人の平均年収が自分の年収」だと言われたりしますが、年収を上げたいと思ったら、年収が高い人と親しくなったほうがいいでしょう。

エネルギーも同じこと。

「良いエネルギー」を取り入れたいと思ったら、自分のエネルギーを上げてくれるような、高いエネルギーを持った人とお付き合いするようにしましょう。


POINT!


人は人に影響される！

自分が理想とする世界観を持った人に会うことで、良いエネルギーを取りこもう。

LESSON 35

今の自分よりも「半歩先」を行く人と付き合ってみる

「エネルギーを上げてくれる人」ですが、わかりやすいのは「今の自分よりも何か優れた部分を持っている人」です。

自分よりも収入が高い人。仕事ができる人。人脈が広い人。美的センスが優れている人。考え方が斬新だと感じる人。人生経験が豊富な人。

あなたの周りにも、どこかしら優れた部分を持っている人がいるはずです。

そういう「今の自分よりも先を行ってるな」と思う人を探して、会いに行ってみましょう。

「最高に憧れている人」よりも「半歩先を行っている人」で構わない

ただ最初から「この人こそ最終理想形！」と思うような人に会っても、なかなかうまくいかないことがあります。

たとえば、自分が理想だと思う生き方や生活を手に入れている「憧れの女性社長」に仕事で会う機会があったとしても、あまりにも今の自分と年収や生活環境がかけ離れすぎていると、逆に劣等感が増すことだってあります。

よってオススメは、今の自分よりも「半歩先」を行く人です。十歩でもなく、一歩でもなく「半歩」。数値で表すとすれば「0.5」くらいです。

自分の感覚に従って、徐々にステップアップしていくことが大切なのです。

社長よりも、身近にいる先輩。自分の理想像をすでに叶え、圧倒的に高い位置にいる人よりも、そこに向かって先にスタートを切っているお姉さん——。

まずは、今の自分よりも「少しだけ先を行ってるな」と感じる人を選んでみましょう。

そして、その人と自分との「ちょっとの違い」はなんだろう？　と考えてみる。

そのポイントが認識できれば、今度は「ギャップを埋めるためには何をすればいいのかな？」と考えられるようになります。

焦らずに半歩だけ踏み出してみる。そして、「半歩先」を行く相手とのギャップを埋めながら「微差」を縮める。それを繰り返していけば、おのずとあなたも「理想の私」に近づくことができるのです。

「半歩先の世界」も見せてもらおう

「半歩先を行く人」を見つけることができたら、今度はその人に「半歩先の世界」を見せてもらいましょう。

その人の考え方や仕事の仕方、付き合う人、お金の使い方、行くお店の選び方などを、横で見ながら教えてもらうのです。

一人で身の丈に合わないパーティーに行ってしまうと、心細いし、場に馴染めずに恥ずかしい思いをしてしまうこともありますが、半歩先を行く人が一緒なら安心。

どんな服装をしていけばいいのか、どんな人たちがいる場所なのか、自分が行っても浮かないか、事前に調べて準備しておいたほうがいいことはあるか。

こんな不安があっても、相手が遠すぎない存在の人であれば、なんでも気軽に質問することができますし、事前にわかれば、安心して参加することができます。

そして、その場所に行ったら、その人がどんな振る舞い方や話し方をしているのかを観察してみましょう。

「著名な人にはこういう挨拶をするといいんだな」「こういう話題を用意しておくと、目上の人とも親しくなれるんだな」など学びながら、徐々にその場にふさわしい自分をつくっていくのです。

相手へのギブを忘れないで

「半歩先の世界」を見せてくれる人たちには、いつも教えてもらうばかりではいけません。

相手といい関係を築きたいと思ったら、やはり自分だけが与えてもらうばかりではなく、「この人のメリットになることを、私も与えていこう」と思い、行動することが大切です。

あなた自身も、相手に対するギブを考えていれば、どんな人とでもいいお付き合いをすることができます。

こんな言葉をかけられたら嬉しいかな？　こんなことをしたら喜んでもらえるかな？　と考え、ちょっとしたことでも行動に移してみましょう。それだけでも変わります。
相手を幸福にしようとしていると、それは必ず自分にも返ってくる。「与える」ことを考えている人は、それだけでエネルギーも上がり、幸せを引き寄せることができるのです。
つねにギブを忘れずに、「半歩先を行く人」と良好な関係を築き、半歩先の世界を見せてもらいましょう。

POINT!

「与え合い」で
あなたのステージも
どんどん上がっていく!

LESSON 36

うまくいく人は甘え上手

仕事ができる人。好きなことで稼げるようになった人。パートナーに愛されて大事にされている人。年を取っても綺麗なままでいる人。

こういった人たちにはある共通点があります。

それは、「甘え上手」だということ。

悩むよりも、叶えた人に聞いてみる

「うまくいく方法」を知りたいと思ったら、「すでにうまくいっている人に聞いてみる」ことです。

「経営の神様」と呼ばれたパナソニックの創業者・松下幸之助さんも、その実践者。

彼が小学校4年生で丁稚奉公《でっちぼうこう》に出されたのは有名な話ですが、なぜ高等教育を受けていないにもかかわらず、世界に通用する企業を立ち上げることができたのか？

松下幸之助さんは誰に対しても恥ずかしがらず、どんなことでも質問したそうです。

これが一代で大成功を収めることができた要因の一つでしょう。

ビジネスで大きなことを成し遂げた人たちも、たった一人でその夢を叶えられたわけではありません。みんな先輩や周囲の人たちに色んなことを教えてもらいながら、自分の夢を叶えてきたのです。


自分一人で考えられることには限界があります。

本を読んだりして独学で勉強する方法もありますが、それだと時間がかかりすぎる。

短い人生、勉強だけに長い時間を費やしてしまうと、年を取り過ぎてだんだん挑戦することが難しくなってしまいます。

それよりも、すでにその夢を叶えている人に、「どうやって夢を叶えられたんですか？」とそのプロセスを聞いてしまったほうがいい。

そして、教えてもらったことを実践し、試行錯誤しながらアプローチの改善を積み重ねていったほうが、一人で考えて悩んでいるよりも、ずっと早く夢が叶うのです。

「お返し」があなたをさらに高めていく！

でも、相手に対するギブも忘れないように。

教えてもらったらお礼を伝えるのは当然ですが、自分の得意分野で相手に何かお返しができないか考えてみましょう。


どんなに優れた人でも、知らない領域はたくさんあります。

優秀な人ほど、一つの分野に特化して集中してきているので、意外と知らないことも多かったりするのです。

男性経営者に仕事のノウハウを教えてもらったら、お礼に彼女や奥さんが喜びそうなプレゼントを教えてあげたり、年上の女性に仕事と育児を両立する方法を教えてもらったら、オススメのエステを紹介してあげたり――。

あなたの得意分野で「相手に貢献できること」が、きっとあるはずです。

教えてもらったノウハウで実績を出すことができたら、事例を共有したり、業界の最新トレンドをお伝えするのもいいですね。

成長した姿を見れば相手も嬉しいし、新たな情報を教えてくれたことに感謝するでしょう。
甘え上手は「成長上手」。
上手に甘えて「お返し」をしつつ、自分を高める行動を繰り返していきましょう！

POINT!

もっと甘えていい。
さらっと誰かに相談するだけで、
思いのほか解決が早くなる！

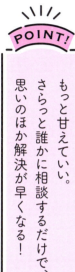

LESSON 37

エネルギーの高い場所に行く

良いエネルギーを受け入れるためには、やはり良い場所で「良いエネルギー」を浴びることが大事です。

たとえば、同じカフェに行くにしても、コーヒー一杯の値段が200円のところと、1000円のところとでは、流れている空気が違います。

テーブルの大きさや一人一人が使えるスペースの広さも違うし、座る椅子の堅さも違う。周りにいる人の質も違えば、聞こえてくる会話の内容も違う。

コーヒー一杯に1000円もかけるのは「もったいない」ととらえるか、「その分だけの価値を得ている」ととらえるか……。

このとらえ方しだいで、人生は大きく変わってきます。

「むやみに高額な場所に行けばいい！」ということをプッシュするわけではありませんが、人生を好転させたいと思ったら、少し背伸びをして、良い環境・ちょっと背伸びができる環境に身を置くことも意識してみましょう。

良い場所に行けば良い出会いがある

「運動不足を解消したい」「ボディラインが崩れてきたから少し鍛えようかな」。

そう思ったら、「スポーツジムに通おうかな」と思いますよね。「どこがいいかな？」と調べるとき、あなたはどんなポイントを重視するでしょうか？

家から近いところ。有名な先生がいるジム。会費が安いところ。ＣＭでよく見る大手のジム。

いろんなポイントがありますが、私はどうせジムに通うなら、ホテルのジムの会員になります。

なぜなら、そこには高いエネルギーを持った人たちが集まり、その人たちから「良いエネルギー」を得ることができるからです。

たしかに、ホテルのジムは一般のジムと比べて会費が高い。体を鍛えたいだけなら、わざわざそこを選ばなくてもいいですよね。

でも、毎週数時間でも、普段は会えないような経営者やモデルたちと一緒に肩を並べてトレーニングができる、と考えたらどうでしょう？

体を鍛える以上に、大きなメリットがありそうな気がしてきませんか。

ハイクラスな場所には、大きな「学び」が詰まっている

ホテルのジムを利用すると、日常では得られないような「普通ではない体験」ができます。

一流の人の整ったボディラインが見られたり、いかにも機能性が高そうなトレーニングウェアを見かけたりもします。そんな人々がどんなメニューをこなしているのかを知ったりするだけでも刺激を受けますし、何度も顔を合わせているうちに話せるようになる可能性だってあります。

ホテルでのジムは年に一度、パーティーを開催したりもしているので、そこに出席すれば色んな業界で活躍している人たちと出会う機会もあります。同じジムの会員という共通項があれば、親しくなれる確率もぐんと上がりますよね。

良い場所に行けば「良い出会い」があることは間違いありません。

「良いエネルギー」を取り入れたいと思ったら、ジムやカフェなど、通う場所や日常的に行く場所も「少し背伸びをして」選んでみましょう。

最後は自分が「イイ！」と思うかどうかで決める

そして、ここが最も大事なところですが、自分が「快適」だと思う場所を選ぶことです。

たとえば、どこのホテルのジムに通うかを決めるときは、「このホテルのジムは老舗だから年齢層が高い。上場企業の役員を務めているような人たちが来ているんだな」「ここは若い人や起業家が多いんだな」と会員の特徴を見たり、「ここはスタジオもプールもあっていいけど、通うには場所が不便だな」「ここは天井が高くて開放感があるし、マシーンの種類も多くていいな」と環境を見たり――。

実際に行ってみて、値段や場所、会員の質、環境などを総合的に見て、自分が「イイ！」と思うところを選びましょう。

自分の中で選んだ理由がわかっていると、その場所から得られるエネルギーもより大きくなります。無意識にそこにいるときに比べて、周りから得られる「良いエネルギー」を自分の価値に転換しやすくなるのです。

行く場所を選ぶときにも「こだわり」を持ち、「良いエネルギー」を与えてくれる人たちとの出会いを引き寄せていきましょう。

エネルギーの高い場所にいれば、扱われ方も変わる

エネルギーの高い場所に身を置いていると、自分自身もそのエネルギーに共鳴していきます。

たとえば、普段から高級ホテルで生活していると、高級ホテルに流れている空気のシャワーを日常的に浴びることになる。その場に調和するように過ごしていれば、周りにいるエネルギーの高い人の立ち居振る舞いや仕草、会話が自然と潜在意識に刷り込まれ、自然と身に付く。

ミラーニューロンの法則をご紹介しましたが、エネルギーの高い場所にいればいるほど、自分自身がその場に見合ったエネルギーを発することができるようになっていくのです。

すると、周りからの扱われ方も変わっていきます。

たとえば、品のいいお嬢様育ちの人に対しては、汚い言葉をかけづらいですよね。丁寧な言葉を遣って雑な扱いはしないようにしよう、と周りが勝手に気遣うはずです。

ギャルっぽい見た目で言葉遣いが悪い女性よりも、品のいい服装で綺麗な言葉を話す女性のほうが男性からも大切にされる、というのも同じ原理ですね。

そう、人は無意識にその人の持つエネルギーの質を見極め、扱い方を変えているのです。

POINT!

あなたにとってエネルギーが上がる！
場所を見つけて
どんどん出かけよう。

LESSON 38

住む場所を変えて良いエネルギーをたくさん浴びる

「エネルギーの高い場所」を考えるうえで、やはり無視できないのが「暮らす環境」です。

家もそうですが、住んでいる街からも当然、大きなエネルギーの影響を受けます。

「人生を変えたいと思ったら、住む場所から変えよう」とよく言いますが、住む空間や街が変われば、そこにいる人が変わります。

出会いが変われば、そこから受けるエネルギーも変わるのです。

「家賃が安い！」で選ばない

住む場所は、「家賃が安いから」などの理由で妥協してしまいがちですが、安いからという理由だけで安易に決めてしまうのは、もったいない行為です。

「喧噪を離れて穏やかな田舎暮らしがしたい」「〜の目的があって」「この街のこの家

賃がいい！」という確固たる理由や目的が自分の中にあれば別ですが、本当に成長したい、ステップアップしたいと思っているのなら、暮らす場所にはこだわったほうがいいでしょう。

住む街によって「人生の充実度」は確実に変わるからです。

いい街に住めば、その環境から「良いエネルギー」を取り入れることができ、仕事や人間関係など、色んな物事が好転していく。

住む街がランクアップすれば、人生もランクアップするのです。

街が良ければ、あなたのエネルギーも高まる

街の家賃相場からは、その街に暮らす人たちの所得の相場もわかります。

所得が高い人たちが集まっていれば、必然的にエネルギーの高い場所も多くなる。

質のいいレストランやホテルがあったり、美術館やコンサートホールなど文化的な施設がたくさんあったり。子どもの教育に力を入れる人が多いので、その街の学校は公立であっても教育水準が高くなったりします。

あるいは、ただ犬の散歩をしているだけなのに、清潔感のある格好をしている人が

多かったり、カフェで聞こえてくる会話の質が高かったり。道路が綺麗に清掃されていたり。

五感から入ってくる、ありとあらゆる「情報」の質が高くなります。

その街に暮らしていれば、自分のエネルギーも街と調和し、その環境にふさわしい人間になっていく。周りの人たちと同じように、良質なエネルギーを発することができるようにもなるのです。

「私はそんな高級住宅街に住めない！」と思う方もいるかもしれません。しかし、きちんと探せば、自分に見合った家賃の部屋、いわゆる「掘り出し物」が出てきたりするものです。

簡単にあきらめず、自分でもいろいろ調査して情報を集め、粘り強く探していくことをオススメします。

POINT!

住む場所は
あなたにとって大事なエネルギー。
自分が納得いくところに住んでみて。

LESSON 39

エネルギーの高い場所を訪れて、溢れるエネルギーをもらおう

「エネルギーが高い場所」の条件はそれだけではありません。

私はこれまで色んな場所を訪れてきましたが、特に「ここはエネルギーが高いな」と思ったのがニューヨークでした。

正直、東京に比べると街もそんなに綺麗なわけではないし、多くの国からさまざまな人種が集まっている。とにかく人が多いので、エネルギーが低い人もたくさんいます。

それでもニューヨークを訪れるたびに、他の国や街では感じることのできない爆発的かつ上昇エネルギーを感じるのです。

上昇気流に乗れるエリアを訪れることで、エネルギーが高まる

なぜ、ニューヨークはエネルギーが高いのか？

それは「ここで一旗揚げたい」と思っている人たちが世界中から集まっているから。世界の中心地であるニューヨークで何かを成し遂げることができれば、それは世界から認められたことになる。だから、ニューヨークには成功を夢見る人たちが集結するのです。

ブロードウェイはその典型ではないでしょうか。「どうしてもブロードウェイの舞台に立ちたい！」と夢見る人たちが世界中から集まり、毎日血のにじむような努力をしている。

成長意欲や志がとんでもなく高い人たちが集まっているわけですから、それはものすごいプラスエネルギーが溜まります。

別にニューヨークでなくてもいいのですが、夢を見る人や上昇志向の人が多く集まる場所には、エネルギーが溢れています。

最先端の場所や、学校やセミナー、会社の新規事業部など、成長したいと思っている人がたくさん集まっている場所も、積極的に訪れてみるといいでしょう。こうした場所からも「良いエネルギー」をもらえます。

自分が必要としている・必要とされるべき場所へ「移動」していこう

実は、私が毎週末、上京する生活を送っているのも、日本の中心地である東京のエネルギーを浴びたいと思っているからです。

生活の拠点は北海道ですが、そのことに特に不満はありません。

北海道は空気も綺麗だし、食べ物もおいしい。経営する歯科医院にも全国から患者さんが来てくださいますし、最先端の医療技術を取り入れて、国内でも症例が少ない難しい手術を行うこともできている。なんの不便もありません。

ただ、ずっと地方にいると、どうしても時代の流れやエネルギーというのは感じにくい。医療はできるけれども、出版や講演といった、時代に先駆けたコンテンツを発信するような活動はなかなか難しいのです。

特にビジネスの場合は、アメリカだったらニューヨーク、日本だったら東京など、その国を動かす中枢組織が集中する場所に行ったほうがいい。そこで、最先端のエネルギーを体感すべきだと思っています。

それから「一ヶ所に留まらず、動く」というのも大事。

移動すれば、同じ場所にいてはわからない情報が入ってきたり、普段会うことのない人に会うこともできます。すると、自分のエネルギーも活性化する。

だから、生活の基盤は田舎にある人も、定期的に都会に出かけてみることをオススメします。

何も、都会に暮らしていないと、時代の波に乗れないわけではありません。でも「いつもの生活圏」だけでは良いエネルギーは得られない。

自分にとってのパワースポットのような場所を見つけて、定期的に訪れるようにすると、落ち込んだときにも周りから高いエネルギーをもらえますよ。

POINT!

あなたのエネルギーが
高まる場所を
3つくらい見つけよう!

LESSON 40

本物が持つエネルギーに触れる

あなたは普段、どんなアクセサリーを身につけていますか?

プラチナの結婚指輪や、ゴールドに宝石がついたピアスやネックレス。

おそらく、一つは高価な「ジュエリー」をお持ちだと思います。

でも、学生の頃はそんなに高価なものは買えません。

若い頃には3000円以内で買えるようなメッキのアクセサリーをつけていた方も多いでしょう。

ジュエリーは自分に自信がつくアイテム

初めて、プラチナやゴールド、ダイヤモンドのジュエリーを身につけたときの感動を覚えていますか?

とても小さなものなのに、一つ身につけただけで自分が別人のように美しく見える。

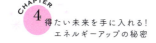

その日は鏡を見るたびに本物の輝きにワクワクして、「ああ、私もこんなアクセサリーが似合う女性になったんだ」と喜びを感じた。

そんな「ジュエリーの魔法」を体感したことのある女性は多いと思います。

そして、高価なジュエリーをつけていると、どこに行っても恥ずかしくない気がする。高級レストランで食事をするときや大事な商談のときも、堂々としていられる。自分に自信をつけてくれるものですから、大人の女性になったら一つは持っておきたいものです。

一流のもので、一流のエネルギーを手に入れよう！

「ジュエリーの魔法」というのは、「本物」が持つ高いエネルギーに自分が同調している、ということ。

似たようなデザインでも、素材がメッキではワクワク感がなかったり、自信を持てなかったりするのは、アクセサリーそのものが持つエネルギーがまったく違うからです。

「一流のもの」にはやはり一流のこだわりがあり、そのこだわりが高いエネルギーを生んでいます。それを着こなせたとき、そのエネルギーに自分が同調し、一つステージの高い自分になれるのです。

「良いエネルギー」を取り入れるには、ぜひ「本物が持つエネルギー」に触れてみましょう。

POINT!

本物のエネルギーに触れると、
あなたにとって良いエネルギーが
どんどん舞い込んでくる!

LESSON 41

プラダで「試着」してみる

高価なジュエリーはあまり持っていない、普段3万円以上の服は買わないという方は、「身にまとうだけ」でも体感できます。

たとえば、プラダに行って「素敵だな」と目に留まったワンピースを試着してみる。「試着したら買わなきゃいけないんじゃ……」「こんな高い服、買えもしないのに」と思うかもしれませんが、別に買わなくてもいいのです。

実際に袖を通して、身にまとってみてください。それも、堂々と。普段からそういう服を着ている人になったつもりで。

すると、ファストファッションを着ているときには感じられなかった良質なエネルギーを体感することができるはずです。

ファストファッションも最近はオシャレなデザインのものが多いので、見た目にはそれほど違いがわからないかもしれません。でも、実際に着てみると、素材の手触りや縫製《ほうせい》の丁寧さ、シルエットの美しさがまったく違うことがわかるはず。

この「本物」だけが持つエネルギーを体感してみてほしいと思います。

本物と偽物がわかる私になる

実際に体験してみないとわからないこと、というのはたくさんあります。

高級ブティックの雰囲気、一流の接客、上質な商品。これらが持つエネルギーの高さは、実際に触れてみないとわかりません。

だから、たとえ買えなくても、実際に体験して、場数を踏んでみることが大事。

普段から本物に触れていると「審美眼《しんびがん》」も養われます。つまり、本物が放つ「高いエネルギー」を見極めることができるようになる、ということ。

そうなれば、物の見方、選び方も変わります。本質を見極めることができるので、どんな人と会っても、どんな情報を見聞きしても、何が本物なのか、何を信じるべきか、ということもわかるようになるのです。

そして、「本物の良さ」を一度知ると、「欲しい」と思うようになります。

どうしても欲しいから「このワンピースを買えるように仕事を頑張ろう」「今はまだ似合わないけど、着こなせる自分になろう」と努力したくなる。

この「私はこうなりたい」という気持ちを持つことがすごく大事なのです。

新たに目標ができれば、そこに向かって頑張ろうと思う。そうして努力していれば、自分のエネルギーもさらに活性化していくからです。

逆に言うと、実際に触れてみないと「欲しい」とまでは思えません。

だから、「良いエネルギー」を取り入れ、その価値を最大限に活用するためには、実際に触れてみる必要があるのです。

欲しいものを見極めて、一つ「本物」を揃える

試着する中で「どうしても欲しい」と思うものに出会ったら、何か一つ、少し背伸びをして買ってみましょう。

試着するだけではなく、所有することで「本物のエネルギー」をより強く取り入れるのです。

大量生産された既製品やコピー品のようなものばかり身に着けていると、自分自身のエネルギーも同調してしまい、「量産人間」「コピー人間」になってしまいます。
たとえば、同じピカソの絵画でも、ポスターに印刷されているものと、美術館に展示されている本物とでは、見る者に訴えかける力がまったく違うことはおわかりでしょう。画家の溢れる情熱を絵から感じ、その場から動けなくなる経験をしたことがある人もいるはずです。本物には、それくらい強いエネルギーがあるのです。
ポスターやレプリカで満足するのではなく、本物を買うようにして、高いエネルギーを取り入れましょう。

POINT!

本物を取り入れて
質の高いエネルギーを
浴びる私になっていこう！

LESSON 42

食べ物からエネルギーをもらう

「食べ物」は直接体内に取り入れるもの。もちろん、エネルギーとも密接な関係があります。

そう、エネルギーの高い物を食べれば、ダイレクトに「良いエネルギー」を得ることができるのです。

健康はやはり大事な財産

どんなにお金があっても、絶対に買うことができないものがあります。

それは「健康」。

若くて元気なうちは忘れてしまいがちですが、お金よりも何よりも大切なのは「健康」でいることです。

健康な体がなければ仕事もできないし、人間関係も成り立たない。莫大な財産があっても、病気になってしまってはそれを使うこともできませんし、お金をいくら払っても治せない病気もあります。

どんなに成功した人でも、長生きできなければ、それまで健康を疎かにしてきたことを後悔することになるのです。

健康こそすべて。良い人生を送りたいと思ったら、健康な体をつくることを第一に考えましょう。

食事があなたをつくる

適度な運動も大事ですが、一番大事なのは普段の食事です。

加工食品や添加物を大量に摂る食生活を続けていると、年を取るにつれて体の色んな部分に不調が表れてきます。

お肌がボロボロになったり、髪にツヤがなくなったりというところから始まり、免疫力が低下して風邪を引きやすくなり、さまざまなウイルスに感染しやすくなる。あるいは血液がドロドロになって動脈硬化を引き起こしたり、糖尿病になってしまったり、ということもある。

長年の食生活の蓄積は、確実に健康状態に表れてくるのです。

旬の物、自然の物が一番エネルギーが高い

普段の食事で積極的に取り入れたほうがいいのは、やはり自然の物です。

野菜や果物など、自然の物は一番エネルギーが高い。なるべく、農薬を使ったり、加工したりしていない食材を選びましょう。

本来あるべき姿を変えてつくった物や、余計な添加物が入った物は「無理」が生じているので、エネルギーが落ちてしまうからです。

それから、旬の物をいかに取り入れるか、ということも大事です。その季節に取れる食材も強いエネルギーを持っています。

「良いエネルギー」を体内に取り入れて健康な体をつくるためには、無農薬の旬の野菜や果物をミキサーに入れて、ジュースにして飲むとよいでしょう。

少し手間はかかりますが、自然の高いエネルギーをそのまま体内に取り入れることができる。パックの野菜ジュースを飲むよりも、ずっと質の良い栄養素を摂取するこ

ともできます。
毎朝、朝食を食べるときに一緒に飲んでいれば、エネルギーに満ちた健康な体をつくることができます。そして、それを維持することも可能になるのです。

POINT!

良いエネルギーを取り入れるためには
食べる物にも
注意を払っていこう！

LESSON 43

自分が心から「行きたい！」とワクワクする店を選ぶ

外食については「お店を選ぶこと」も大事ではないかと考えます。

たとえば、高級ホテルでは、通常のアラカルトメニューもそうですが、ビュッフェでもクオリティが高いことが多い。そして、普段食さないような珍しいものも食べられます。改めてローストビーフのおいしさに触れたり、聞いたことのない野菜の味を知れたり、ということもあり、楽しみも増えます。

もちろん「リーズナブルで美味い店」がいい！　というご意見もあるでしょう。そういう方はその店へ行っても問題ないと思います。

ぜひ「自分がいい！」と思うお店へ行ってみてください。

大事なのは、あなたが心から「行きたい」と思うこと。

「このお店はワクワクする！」「このお店でご飯を食べたいなあ」「このお店って本当

においしいんだよね」「この場所でスイーツを食べるのが楽しみ」というご自身のエネルギーが高まるお店を見つけて行くことです。

よくないのが、単に「安い」から「高い」から、といった「価格」重視で選んだり、自分の気持ちを無理に押し込めて「周囲に合わせて」行ってしまうこと。

本当は行きたくないのに、押し切られてラグジュアリーなレストランへ行ってしまったり、自分ではなく相手を優先させすぎて、「自分がちょっと我慢すればいい」といった感覚で「その場にダラダラいる」ことです。

すでにお話ししていますが、この感覚は確実にあなたのエネルギーを下げます。

大切にするべきは、いつだってあなたという在り方なのです。

量より質を大切に

エネルギーを上げようと思ったら、「量」よりも「質」にこだわることです。

極端なことを言えば、一日に一食しか食べない日があってもいいのです。年齢を重ねれば、そんなに量を食べる必要はありません。

「食事にかける時間があまり取れない」

「体に良い物を食べたいと思うけれど、料理をする時間がない」

「良い食材を食べたいけれど、そんなにお金はかけられない」

という場合は、質の良い食品を少量摂るようにしましょう。

たとえば、食べる量を減らす分、少し単価の高い食材や手作りのお惣菜を買ってみるなど、質の高い食品を選ぶことを意識してみましょう。


POINT!

「私」が本当に食べたい物
行きたいお店を選ぶことで
良いエネルギーが充電される！

LESSON 44

愛情を込めてつくられた料理からパワーをもらう

食べ物は私たちの口に入るまでに、いろんな人の手を経てつくられています。野菜や米をつくっている農家の人、牛を育てている牧場の人、牛肉を加工する工場の人、魚を獲る漁師さん。

レストランで食事をする場合は、シェフの手も加わります。

つくる過程で「愛情」が込められている食べ物には、「良いエネルギー」が入っています。

丁寧につくられたこだわりの素材を使って、一流のシェフが料理したフレンチはやはり高いエネルギーを持っていますし、「おいしいものをつくろう」とひと手間かけている料理には、つくり手の高いエネルギーが注がれます。

愛ある食べ物を取り入れていこう

食事とは、つくり手の想いも一緒に食べること。

食べ物を食べるときには「愛情」が詰まった食材や料理を選ぶことも意識してみましょう。

こだわってつくられたものを「いただきます」と感謝の気持ちを持って食べれば、より一層「良いエネルギー」を取り入れることができます。

家庭で出される手料理なんかもそうですね。

たとえ料理が上手でないお母さんでも、子どもの健康や成長を考えて一生懸命つくった料理には、「良いエネルギー」が入るもの。

それを食べて育った子どもは、高いエネルギーをもらいながらすくすく育っていると実感します。

また、大人になるにつれ、そして大人になってから、自分にとって良質な料理や食材を食べる機会を増やし、その味をきちんと味わってみることが大事。

「本物」に触れる経験を積み重ねることで、その味がわかる自分をつくっていけばいいのです。

そして「本物」を「おいしい」と感じられるような自分になっていきましょう。

一緒に食べる相手からもエネルギーをもらう

それから、食べ物は「誰と一緒に食べるか」も大事です。

好きな人や心を許せる人、なんでも話せる親友と一緒に食べるご飯は楽しいですよね。一人で食べるときに比べて、味も実際以上においしく感じたりします。

それは、親しい関係の人と食事をすると、お互いのエネルギーが高まるから。

自分のエネルギーも相手のエネルギーも高い状態になるから、ただ物を食べるという時間が最高のディナータイムに変わるのです。

特に、半歩先を行く人や尊敬できる人と一緒に食べれば、そこで生まれるエネルギーはより強いものになります。

食事をするときは、食べ物のエネルギーと同時に、相手のエネルギーもいただいているのです。

だから、「良いエネルギー」をもらえる相手とは、どんどん食事に行きましょう。お誘いを受けたら喜んでお受けするのはもちろん、自分からもお誘いしてみてください。目上の人であっても、食事なら誘いやすいですよね。「オススメのお店に連れて行ってください」と甘えてみれば、半歩先の世界を見せてもらえるでしょう。

「食を楽しむ」ことでもエネルギーが満ちていく

それから、食事をしている間は、きちんとその時間を楽しむことを大事にしてください。

長く一緒にいるカップルや家族は、会話がなかったり、お互いにスマホを見ながら食べていたりしますが、これでは「良いエネルギー」は取り入れられません。

もちろん、一人で食べるときも同じ。「ながら食べ」をしてしまうと、せっかくの「良いエネルギー」が半減してしまうのです。

食事をするときは、食べ物をきちんと味わいましょう。

食材の彩りや盛り付け、お皿を目で楽しむ。口に入れたときの感動をしっかり味わう。旬の食材から季節を感じる。すぐに飲み込まず、噛みしめて食感を楽しむ。食材や料理をつくってくれた人への感謝の気持ちを持つ。

意識をそうしたことに向けないと、本当の意味で、良いエネルギーはもらえません。丁寧に味わって楽しみ、食事から最高のエネルギーをいただくようにしましょう。

POINT!

「食べる」を楽しむことで
良いエネルギーを
引き寄せていこう!

LESSON 45

「マイルール」で生きよう

私は幸せになるんだ。理想の自分になるんだ。

そう思っていても、日常でうまくいかないことがあったり、周りに「そんなの無理だよ」と言うような人がいると、だんだん不安になってきます。

「何もない私が幸せな人生を送るなんて、やっぱり無理なんだ」と弱気になってしまったりしますよね。

「うまくいくしかない」と信じていこう

大事なのは「私ならできる」と信じること。

「うまくいくしかない」と自分で決めることが幸せへの第一歩です。

「できる」「決める」「信じる」ことができるということは、潜在意識がそう判断したから。過去の知識の貯蔵庫のデータに照らし合わせて、可能性があると判断したからこそ「叶えられる」と直感で思うのです。

一度そう思えたのなら、周りに惑わされることなく、自分の直感を最後まで信じてあげましょう。

もっと楽しみに生きていい

あなたが何かに挑戦しようとすると、周りに反対する人がいるかもしれません。

新天地を求めて転職しようとすると、「それよりも結婚して子どもを産むことを考えなよ」と言う人がいたり、結婚後も変わらずバリバリ働こうと思っていたら、「妻になったんだから、仕事よりも家のことを優先してほしい」と夫や、夫の両親に言われたり……。

あるいは、専業主婦をやめて仕事を始めようとすると、「ずっと社会を離れていたあなたに何ができるの」と親戚や友達に言われたり。

特に女性は、社会的な「女性はこうあるべき」に縛られている人がとても多いと思います。

でも、人生はたった一度きり。

他の誰でもない、あなたの人生なのだから、もっともっと軽さを持って、そして生きることを「楽しみ」で満たしていいのです。

職場で「女性だから」という理由で何かに遠慮する必要はないし、無理に「いい妻」「いいお母さん」になる必要もない。

女性に生まれたからと言って、誰かが決めた「女性の役割」を全うしなければいけないなんてことはないのです。

日本では女性が「我慢」することが「普通」だと考えられている時代が長く続いてきました。

どんなに仕事が好きでも、結婚したら「寿退社」する。結婚したら早く子どもを産むのは当たり前。夫に仕事に専念してもらうため、家庭のことはすべて女性が担当する。嫁になったら、夫の両親の面倒を見る。同居していたら、家事のすべてを引き受け、老後は介護もこなす。

「女性に生まれたから」というだけで、イヤだと言うことすら許されず、その環境を甘んじて受け入れるしかなかった女性がたくさんいました。

つらいことがあっても、子どものためだと自分に言い聞かせ、必死に我慢して「義務」を果たしてきた。皆さんのお母さんも、そうだったかもしれませんね。

今という時代を存分に浴びて新しい私で生きていく

でも、時代は変わったのです。

今や女性が仕事を持っていることは当たり前ですし、結婚しても、ママになっても、新しいことにどんどん挑戦して活躍している人はたくさんいます。

時代が変わったのだから、考え方も、人間関係も変わらなければいけません。

思い切って、昔の価値観からは脱却してみませんか。

過去の価値観に縛られたままの人に、あなたまで縛られる必要はありません。あなたは「今」を生きている人です。

やりたいことに挑戦していいし、仕事も家庭も完璧に両立できなくてもいい。ママになってもそれまで以上に仕事に没頭してもいいし、オシャレを楽しんだっていい。

あるいは、結婚しない、子どもを産まないという選択をしたっていいのです。

我慢せず、「なりたい自分」に向かって迷わずに進んでいきましょう。

いつだって、そういうあなたでいることが一番大事。

そんな女性が私は大好きですし、そういう女性がもっともっといっぱいいてほしいと思います。

やりたいことをやって、輝くあなたでいてくださいね。

POINT!

過去の価値観にとらわれず
本当のあなたらしさで
思い切って生きていこう!

LESSON 46

「ルール」も「流行」も自分でつくる

「ルール」や「流行」というものは、誰かが生み出したもの。

自然発生的に生まれているのではなく、必ず仕掛けている人がいるのです。

未来を自分で「先に」決めてしまおう

たとえば、ファッション業界では、1年半先の流行が決められているとも言われています。

パリコレで次年の秋冬コレクションに「チェック柄」が多用されていれば、それがファッションのトレンドになる。雑誌を見てもショップを見ても、チェック一色になりますよね。

つまり、未来を先に決めてしまって、みんなにその方向性に乗ってもらえばいい、という考え方です。

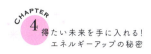

自分の人生も、ファッション業界と同じように考えてみましょう。

そう、「ルール」も「流行」も自分でつくってしまえばいい、ということ。

誰かが決めたルールに苦しむよりも、自分でつくったルールに則って堂々と生き、それを正解にしてしまえばいいのです。

「私はこういう人生を送りたいから、こういう選択をしている」。そういう解釈ができれば、他人に何を言われても自信を持っていられます。

そして、あなたがその言葉通りの人生を楽しそうに生きていれば、周りはやがて共感するようになる。反対していた人も「あのとき、その選択をしたからこそ、今があるんだよね。すごいなあ」と言ってくれるようになります。

自分の解釈によって現実をつくっていけば、やがてそれが誰かにとって魅力的な「ストーリー」になるのです。

自分のフィールドをつくって、自分でコントロールする

自分でルールをつくるということは、自分だけのフィールドをつくるということ。

独自のフィールドをつくっておくと、他にもメリットがあります。

たとえば、「講演者」というフィールドで考えてみると、故・船井幸雄さんのような人に勝つことは難しい。

企業の経営コンサルティングを行う「船井総合研究所」の創業者であり、90年代半ば以降のスピリチュアルブームを牽引した精神世界ジャンルの第一人者であり、著作も数多くある船井さんは、もちろん人気講演者でもありました。

とにかく知識が豊富で、踏んできた場数がまったく違う人には、何をやっても敵わない。

船井さんと同じ領域で、同じような講演をしても、聞き手に彼を上回る感動を与えることはできません。

だとすれば、同じ領域には行かず、「自分のフィールド」をつくったほうがいい。

自分にしかつくれない世界観、自分だけのフィールドをつくってしまえば、どんなに優れた人にも負けることはないのです。

私はこれでいい！　で進むほど賛同される

自分のフィールドにいると、周りからの雑音も聞こえにくくなります。

自分の世界を持ち、そのフィールドで生きていれば、不必要に人と群れることもなくなります。無理な人付き合いからも解放されます。

群れるグループや会合に行かなければ、批判されることもありませんし、余計なアドバイスをもらうこともない。

関わらなければ「排除のエネルギー」を受けることさえないのです。

もしかしたら、裏で悪口を言われているかもしれませんが、自分にとって大切な人でなければ、何を言われても気にする必要は一切ありません。

自分の選択に自信を持っていれば、「どうぞ好きなように言ってください」と思えるようにもなるのですから。

何を言われても「負けないぞ」「私はこれでいいんだ」と思っていればいいのです。

POINT!

自分のルールをつくり、
自信を持って自分のフィールドで生きる。
何にも負けない「真に強い自分」をつくっていこう。

LESSON 47

セルフプロデュースで理想の自分をつくろう

理想のイメージを現実のものにするためには、具体的なイメージをきちんとつくっておく必要があります。

そこで、オススメなのが「夢を叶えた後の自分を想像してみる」ことです。

夢を叶えたつもりで細かくイメージしてみる

たとえば、会社を辞めて「やりたいこと」で食べていくのが夢だったとします。

その夢を叶えたあなたは、どんな生活をしているでしょうか？

満員電車で通勤する苦痛な毎日を卒業し、お気に入りのカフェにパソコンを持ちこみ、自分の好きな時間に仕事をしている。

スーツを捨てて、いつも素敵な服を着ている。オフィスには不向きだからとあきらめていたネイルも、やってみたかったデザインに挑戦できている。鏡を見たり、パソコンのキーボードを打つたびに「綺麗な自分」に出会い、テンションが上がる。

想像するだけでも楽しくなってきますよね。

「なりたい自分」が決まったら、このように、ライフスタイルや行く場所、服装、持ち物に至るまで詳細にイメージしてみましょう。

「良いエネルギー」をまとってワクワクの気持ちでイメージしたことは、現実になる可能性もぐっと高くなります。

そして、具体的にイメージできたら、もう理想の人生をスタートさせてしまう。すでに夢を叶えた体で、「理想の自分」になったつもりで生きてしまえばいいのです。「理想の自分」を自分で演出する。要はセルフプロデュースをしてみよう、ということです。

すべてその通りにできなくても、少しずつ、できるところから始めてみましょう。

ちょっと「盛った」発言をしてもいい

セルフプロデュースは、普段のちょっとした会話の中でもできます。

たとえば、女子会で「欲しい物」の話になったときに、「私、次のボーナスでプラダのワンピース買いたいんだよね」と言ってみる。

実際には買えるほどの余裕がなくても大丈夫。「買いたい」と思っているのが事実であれば、嘘をついたことにはなりません。

実際に試着しておけば、「一回着てみたら、すごく良くて」とリアルな感想もつけられて信憑性も高くなります。

友人たちが「疲れたから温泉行きたいね」と話していたら、「私はモナコに行きたいと思ってて。今いいツアーがないか探してるんだ」と言ってみるのもいいかもしれません。

実際に行けるようになるのは5年後であったとしても、問題ありません。

アウトプットする、ということが重要なのです。

自分の理想に向かって進み、前向きな話をしている人は、光って見えます。

そして、「他人からの見られ方」は自分でつくることができる。

見せ方を考えながら「理想の自分」をセルフプロデュースしてしまえばいいのです。

昨日あったこと、今日あったこと、できたらいいなと思うこと。何気なく話している日常会話も、演出の舞台にしてしまいましょう。

もちろん、無理をしたり、嘘をついてまで演出する必要はありません。でも、少しくらい大きく見せることはしてみてもいい。

そうして「セルフプロデュース」した自分が「現実化」していくのですから。


POINT!

謙遜や遠慮ではなく、
自分を少し大きく見せることが、
ハッピーを生む!

LESSON 48

「美しい」をつくる服とコスメにお金をかける

セルフプロデュースと言えば、見た目も大事です。

外見が変われば、扱われ方も変わることは先述しましたね。「理想の自分」に近づくためには、見た目もどんどん磨いていきましょう。

女性は「オシャレ」や「美容」に、お金をかけていいいと思います！

大事なのは「美しくなっていく自分を見る」こと

特に、肌に直接つける化粧品は、ある程度大人になったら品質にもこだわっていいでしょう。

化粧水や美容液、クリーム、リフトアップオイル――高くて質の良い化粧品を使うと、潤いがまったく違います。

肌に吸収されるものは成分にもこだわり、自分にぴったりのものを見つけておくといいでしょう。お守りコスメがあれば、ストレスでお肌が荒れてしまったときも、自信をなくさずに済みます。

信頼できるエステサロンを見つけて、定期的にフェイシャルエステを受けるなど、プロの手を借りるのもいいですね。

せっかく女性に生まれたのだから、ぜひ「美しくなる権利」を存分に行使し、楽しんでほしいなあと思います。

オシャレの魔法でコンプレックスも解消！

見た目は意識と行動である程度は変えられるかもしれないけど、持って生まれたコンプレックスを解消するのは無理だ。そう思う人もいるかもしれません。

たとえば、身長が低いことが悩みだという場合。

たしかに、150センチの人が160センチになりたいと思っても、それは無理です。

欲しいドレスがあっても、丈が長すぎて着られない、ということもあるでしょう。でも、身長の低さを感じさせない「見せ方」をつくることはできる。

8センチのピンヒールを履けば、小ささは気にならないし、スタイルもぐんと良く見える。ヒールが高すぎると歩けないという人は、ウェッジソールやつま先部分にも厚みがあるプラットフォームタイプの靴を選べばいいでしょう。

ドレスはタイトなデザインを選んで、丈をお直しすればサイズを合わせることもできます。

細身のドレスを着て、ピンヒールを履き、姿勢良く堂々と歩けば、誰も身長の低さなんて気にしません！　むしろ、素敵な人だな、と思うでしょう。

そう、コンプレックスは「オシャレの魔法」で十分解消できるのです。

POINT!

オシャレして、
綺麗な自分を手に入れて
自信と輝きを手に入れよう！

LESSON 49

なりたい私を明確にすれば、ブレない、振り回されない

最後にこんな話をいたしましょう。

あなたは今、壁一面に絵が飾られた部屋の中にいるとします。そこで「目をつぶって赤い絵の前に行ってください」と言われたら、どうするでしょうか？

視界を閉ざされた中では、どれが赤い絵かわかりません。当てずっぽうに足を運んでも、赤い絵にたどり着ける可能性は低いですよね。

もし、誰かに「こっちだよ」と囁《ささや》かれたら、そこに行ってしまうかもしれません。

でも、目を開けてみたら、青い絵だった、ということもある。

見えない中で正解にたどり着くのは、非常に困難です。

「目的」を持たずに生きるということは、これと同じことをしているようなもの。

「目的」が見えていなければ、理想とする場所にたどり着けないのは当たり前です。

そして、自分でも見えていないからこそ、人の意見に惑わされてしまうこともある。

でも、逆に言えば、見えてさえいれば、まっすぐ正解に向かって歩ける、ということ。

「赤い絵の前に行く」という「目的」をしっかりと持ち、目を開けて歩けば間違う人はいませんよね。

たとえ青い絵に誘導する人や、「それは本当は赤くないんじゃない？」「あなたにはそう見えてるだけじゃない？」なんて言う人がいても、信じる気にはなれない。他人の言葉よりも、自分の目のほうを信じようと思うはずです。

潜在意識を良い形で放出するには「目的」があるといい

潜在意識というのは「目的」に対して反応していきます。

「知識の貯蔵庫」に蓄積されたものの中から、目的に沿ったものにフォーカスする。

そして、新しく何かに触れるときにも、目的に役立ちそうなものに対して反応し、それを取り入れようとするのです。

仕事で企画を考えるときに、オフィスのデスクでは何も浮かばなかったのが、お風呂に入っているときや眠ろうとベッドに入った瞬間に、ふとアイディアが降りてくるようなことがありますよね。

これは、あらかじめインプットしておいた「目的」に、潜在意識が反応したからです。

だからこそ、「なりたい自分」を明確にしておくことが大事。

つねに理想像をイメージできていれば、そこに近づくために必要な情報が集まりやすくなります。イメージがあれば、人は無意識にそこに近づこうとするのです。

そして、イメージしたことは必ず現実になる。私はそう思っています。

POINT!

具体的なイメージこそあなたの潜在意識を良いエネルギーで満たす!

おわりに

最後まで読んでくださり、ありがとうございました。

本書では「エネルギー」を軸に、「なりたい自分」になる方法、「幸せな人生」を送る方法をお伝えしてきましたが、いかがでしたでしょうか？


今より人生を好転させたいと思ったら、まずは不幸の原因になっている「悪いエネルギー」をシャットアウトする。

そして、身を置く「環境」と触れる「情報」を変えながら、「良いエネルギー」だけを取り入れて、高めていく。

全4章にわたって、そのために何をすればいいのか、どのような考え方をすればいいのか、ということを具体的にお伝えしてきたつもりです。

何度も繰り返し書いてきましたが、物事の考え方、とらえ方をほんの少し変えるだけで、「思い通りの人生」はいくらでもつくることができます。

最高の環境に身を置き、素晴らしい人たちと出会い、彼らから上質な情報をもらうことで「なりたい自分」になる。

潜在意識に「最高のエネルギー」を取り入れることで、あなたが望む通りの生き方は簡単に手に入るのです。

そして、自分を変えるのに、遅いも早いもありません。

思い立ったら、40歳でも60歳でも、はたまた80歳でも、その日から変わることができます。

たとえ恵まれた家庭に生まれなくても、大学受験や就職に失敗しても、恋愛で何度もつまずいたとしても。

人生は何歳からだって、自分の力で切り拓いていくことができるのです。

さあ、あとは実際に行動するだけ!

人生を変えるために必要なのは、「ちょっとの背伸び」です。

方法がわかったら、とっておきのドレスに身を包み、お気に入りのピンヒールを履いて、半歩だけ前に足を踏み出してみましょう。

すると、それまでには見えなかった景色が、きっとあなたにも見えてくるはず。

何よりも大事なのは、「変わろう」とすることです。

「ありのまま」でいるよりも、自分の理想像に向かって努力している人は美しい。

半歩先を目指して歩いているときにこそ、女性は一番輝く。私はそう思うのです。

ぜひ、ご自身の感覚を大切に、少しの背伸びを続けて、唯一無二の素晴らしい女性になっていただけたらと思います。

本書が、あなたの半歩、踏み出すきっかけとなることを、心から願っています。

２０１８年12月
井上裕之

井上 裕之 いのうえ・ひろゆき

歯学博士、経営学博士、経営コンサルタント、コーチ、セラピスト、医療法人社団いのうえ歯科医院理事長、島根大学医学部臨床教授ほか国内5大学客員講師、ニューヨーク大学歯学部インプラントプログラムリーダー、日本コンサルタント協会認定パートナーコンサルタント、世界初のジョセフ・マーフィー・トラスト公認グランドマスター。

1963年北海道生まれ。東京歯科大学大学院修了後、「医師として世界レベルの医療を提供したい」という思いのもと、ニューヨーク大学に留学。その後、ペンシルベニア大学、イエテボリ大学などで研鑽を積み、故郷の帯広で開業。その技術は国内外から高く評価されている。

また本業の傍ら、世界中の自己啓発や、経営プログラム、能力開発を徹底的に学び、ジョセフ・マーフィー博士の「潜在意識」と、経営学の権威ピーター・ドラッカー博士の「ミッション」を統合させた成功哲学を提唱。「価値ある生き方」を伝える講演家として全国を飛び回っている。6万人以上のカウンセリング経験を生かした治療方針も国内外で広く支持されている。講演家としても全国を飛び回り、講演会は常に満員。1000名規模の講演会も数々成功させる。

著書は累計発行部数120万部を突破。実話から生まれたデビュー作『自分で奇跡を起こす方法』(フォレスト出版)は、テレビ番組「奇跡体験! アンビリバボー」で紹介され、大きな反響を呼ぶ。『夢もお金も手に入れる人のシンプルな習慣』(すばる舎)、『「変われない自分」を一瞬で変える本』(きずな出版)、『[ビジュアル版]年収1億円になる人が実行している36の習慣』『なぜかすべてうまくいく1%の人だけが実行している45の習慣』(PHP研究所)、『がんばり屋さんのための、心の整理術』(サンクチュアリ出版)などベストセラー多数。

悪いエネルギーは1ミリも入れない

2018年12月19日　第1刷発行

著　者　井上 裕之

発行者　徳留 慶太郎

発行所　株式会社すばる舎
〒170-0013
東京都豊島区東池袋3-9-7 東池袋織本ビル
TEL　03-3981-8651(代表)
　　　03-3981-0767(営業部)
振替　00140-7-116563
http://www.subarusya.jp/

印　刷　中央精版印刷株式会社

落丁・乱丁本はお取り替えいたします

ISBN978-4-7991-0764-5